# 真正的股神是你自己

戴华珂◎著

企业管理出版社
ENTERPRISE MANAGEMENT PUBLISHING HOUSE

**图书在版编目（CIP）数据**

真正的股神是你自己 / 戴华珂著. -- 北京：企业管理出版社，2020.9

ISBN 978-7-5164-2202-1

Ⅰ. ①真… Ⅱ. ①戴… Ⅲ. ①股票投资 Ⅳ. ①F830.91

中国版本图书馆CIP数据核字(2020)第163857号

书　　名：真正的股神是你自己
作　　者：戴华珂
责任编辑：郑　亮　徐金凤
书　　号：ISBN 978-7-5164-2202-1
出版发行：企业管理出版社
地　　址：北京市海淀区紫竹院南路17号　邮编：100048
网　　址：http://www.emph.cn
电　　话：编辑部（010）68701638　发行部（010）68701816
电子信箱：qyglcbs@emph.cn
印　　刷：河北宝昌佳彩印刷有限公司
经　　销：新华书店
规　　格：145毫米×210毫米　32开本　7.125印张　170千字
版　　次：2020年9月第1版　2020年9月第1次印刷
定　　价：38.00元

# 序

庚子鼠年的初春，我和大多数读者朋友一样，被疫情锁在了房间里。也许是习惯了每天看盘、看资料、做研究等室内工作的缘故，因此在这场隔离期间并没有太多的急躁，心态也比较平和。其间，应朋友之约，给他提供了我之前的一些讲课资料，突然就有了一个念头：如果把这些讲义加以整理润色，编辑成书，如何？假如书出版了，那今后再有人上门索取资料或讨教时，给他书不就可以了吗？而我以后去讲课时，也携书在手，仅需把中间的一些章节稍加改动，岂不也省事了很多？

这样一动念，就有了写的冲动。心中也掂量了一下，觉得这些内容大体完整、烂熟于心的讲义，稍加整理即可成书，不需花太大的精力，写吧。可万万没有料到的是，本以为一个月时间就可以轻松搞定的事情，居然耗时几个月都无法完成。原因一是原来的讲义大多是口语或者是提纲挈领性的，现在把它一下子转为书面语和详细的章节，确实要费些功夫；二是我之前做过财经记者编辑，一提起笔，文人的毛病就犯了，总想在遣词造句、谋篇布局、比喻修辞上下工夫，这种推敲斟酌下来，大大耽误了时间；三是总想把一些专业术语与复杂的技术指标等讲得通俗易懂，不仅能让初学者轻松掌握，也能让业界高手首肯，可发现绕来绕去并不容易。于是，很轻松顺畅的编写工作就变得磕磕绊绊，漫不经心的整理变成了骑虎难下的创作，“萝卜快了不洗泥”变成了“洗干净还要削皮”的尴尬地步。

中间写得很紧张、很投入的时候，是刚买回来的菜品都没有空去烧做，只好再点外卖；最费神时，几次都一口气写到了凌晨两点多，最晚的一次是在凌晨3点左右，在瞬间起身时突然发现左耳似乎听不见了，有失聪的感觉。于是就产生了一种罢笔的颓废想法：何苦劳力费神写这些东西呢？为什么一定要把自己的多年心得拿出来与他人分享，自己闷声挣点钱不是很好吗？况且，在当下电子书、公众号、微博的冲击下，传统的纸质书籍举步维艰，这种吃力不讨好的事情有必要坚持下去吗？

但这种念头仅是一闪而已。因为我周围许多券商的朋友说，目前市场上股民的亏损程度，远不止七亏两平一赢这个数据，实际情况要严重得多，那么，曾经做过券商分析师的我，能把一些盈利的模式、技巧、买卖窍门等提供给投资者，让大家增加盈利面，减少亏损，不也是应该的吗？此外，写书对自己也是一种提高和完善啊！

这样一想，于是就一路写下去了。不过在临近完稿时，又一个问题出现了：书写好了，那书的价格怎么定？谁来定？定价低的话，亏本可能性大，对出版社是压力；高的话，对已经亏损的股民岂不又多一个“交易”成本，大家能舍得再花钱买吗？长期以来，我一直觉得自己是一个智商中等的人，最多中等偏上，情商就更难堪——中等偏下。因此，我很“佩服”有些商人的“智慧”与“聪明”，明明是400元的商品，他们给你搞个399元，并振振有词道：“这才300多元啊，买了吧。”明明是80元的书籍，他也给你搞出个79.98元，才70多元嘛，不贵。对我这个笨人来说，缺少的就是这种“聪明”与“智慧”。于是在书的定价上，我和出版社多次协商权衡，拿出一个非常合适的价格，以兼顾股民、出版社、作者三者的利益。

在全书定稿的那一刻，书页上似乎突然弹出了德国哲学家尼采的一句话：“一口好牙和一个强健的胃，便是我对你的期待!只要你受得了我的书，我们就一定合得来！”

# 前　言

2015年6月15日，上证指数攀高到5178点的第二天，我抛空了所有的股票，踏上去三峡旅游的行程。秀美壮丽的三峡，一直是我魂牵梦萦的地方，可惜在1998年大坝蓄水前，由于工作繁忙，错失了一览原生态雄姿的机会。这次，希望在无股一身轻的情况下，去了结多年前的遗憾。

当时，市场正处在人气鼎沸，众股民弹冠相庆的大牛市中，但我又一次选择了急流勇退、见好就收，这是因为凭借多年的经验与盘感，判断出A股又处于一个极其危险的大顶构筑中，盛极而衰，大跌或许就要降临了。因此，我不仅清空手中所管理的账户，同时也督促、劝阻身边的人清仓回避风险，对于那些坚信指数还能冲高5500点，甚至突破6124点历史高点的朋友，我几乎是哀求着请他们抛空。

我是这样分析的，之前2009年6月小牛市创下的高点3478点，在2015年被有效突破后，理论上有回抽的可能，而一旦回抽成立，那么将面临千点的巨大跌幅。

但许多人不解，目前点位是5178点，如果回调到3478点，要跌1700多点，可能吗？媒体都在说4000点牛市刚起步啊。我说，市场为师，任何人的言论都无法左右市场的走势，我们要做的是尊重其规律，当下危险信号已经出现，那就要顺势而为，择机离场，落袋为安。请你们也看看周围的股民，一些经验丰富、水平老道的民间高手早就离场了，请参考他们的做法。

2015年6月23日，沪深两市开盘后极速下挫。正在宜昌秀美的小三峡景区游览的我，接到申万宏源一家营业部老总的电话，她语音有些慌张地问我："股市又暴跌了，难道真的如你所说的要跌到3478点？"我问她："目前多少点？"她回答："4285点。"我说："跌得太猛了，会回抽的，但是回抽后会继续下跌的，建议利用回抽的机会毫不犹豫地卖出！"同行的一位导游正好坐在我的旁边，听到我们的对话，她文雅地告诉我说："做股票不难的，你看我，买了股票后就放在那里，涨了就卖，如果跌的话，我就补仓，然后再涨我就挣钱了。"我笑笑说："牛市中这样的操作方法或许管用，但是在平衡市或者熊市，就很难了。不建议你们做股票，因为股票真的难挣钱。"她连连摇头。

之后的行情就不再赘述了，那是许许多多投资者不堪回首的梦魇，沪深股市就像一架失事的飞机，从高空直坠而下，不仅跌穿了3478点，更是跌破了3000点、2900点，十年不遇的千股跌停现象再次出现——之后的一些学术文章，统计了中国有多少个"中产"灰飞烟灭，多少投资者损失惨重，我无法确定这些数字的准确性，还是说说身边的例子吧。

管理规模达70亿元的基金，股灾中变成了20亿元。

身价5亿元的一位朋友，资产少了一个0。他逢人就压低嗓音说："这事不要让我老婆知道，不要让我老婆知道。"

4000多万元资金的富翁，暴跌过后去一家小区做了保安。

茶城的小妹打工10年，攒了100万元，在别人的怂恿下4：1配资炒股，2个跌停板后100万元归零，后续的跌停让她怀疑人生。

类似的例子太多了。这场股灾过后，包括管理层在内的诸多机构，学者，个人投资者都在反思成因。我也一直在思考，国内股市疯狂透支的牛短熊长的行情为什么会一而再，再而三地出现？“严多宽空”情节下的A股市场一抓就死、一放就乱的顽疾何时能根除？各类自媒体推波助澜一边倒的非专业诱导如何严控？专业人士的我们，如何能责无旁贷地向投资者提示风险，让更多的人避免损失乃至悲剧的发生？

我一直在思考这些问题，而且近几年在给一些大学和基金公司授课时也屡屡谈起。许多学员听完我的课后，深有感触，不少人建议我把这些看法、理念及一些投资经验写出来，包括多年来累积的股市感悟及技术分析心得等。说的人多了，我也逐渐接受了这些提议，于是整理了一下，集结成一本书，希望能对投资者有所启发借鉴。

投身证券市场多年来，深感到这是一个艺无止境的大海，故不敢有丝毫松懈，除了在所担纲的分析师岗位上兢兢业业外，平时也不间断地学习精进。在这些年的工作生涯中，尽管对一些行情的把握出现过一定错判，甚至是不小的失误，但大体还算正确。我精准预测了2001年2245点大顶，2007年“5·30”大跌与6124点大顶，研判出了2009年小牛市和2015年牛市，并成功在当年的高点3478点和5178点出逃。2019年及2020年，我对市场运行中的几个重要波段位置的预测分析也基本合拍。现在把这些年来的经验、理论知识及分析方法呈现出来，期待和志同道合者探讨交流，也期待能助力投资者获取更多的收益，更期待我们的证券市场越来越健康美好，给股民带来真正的回报。

戴华珂

2020年2月14日

# 目　录

第一章

# 股票，最深奥的投资

第一章

# 股票，最深奥的投资

如果说股票是这个世界上最复杂、最深奥、最让人殚精竭虑的投资，恐怕没有几个人会提出反对意见。因为它不仅仅涉及证券投资这一门学科，还涉及政治、经济、金融、数学、心理学等多个学科，更涵盖了社会的各行各业，堪称包罗万象。投资股票就和投资企业一样，需要投资者有企业经理的才能，财会人员的专业，以及行业的认知水准等。

许多人刚进股市时，认为股票很简单，无非就是低买高卖，没多少玄机，尤其是一些在实业界颇有建树的企业家，以及部分在企事业单位有着一官半职的人，更是自忖经验丰富、学识广博，足可在股海中一展身手，可进场后几个回合下来，连吃败仗，个个灰头土脸，方顿觉自己大错特错，于是开始恶补各类证券知识，研习金融理论等。即便如此，始料不及的政治因素、突如其来的货币转向、纷纭复杂的财经信息、风云变幻的国际事件，都令投资者猝不及防，难以应对。

尤其是现阶段的中国股市，更加棘手复杂，经济转型的阵痛，规章制度的不完善，投资者较低的素质，使市场呈现非理性的特征。和以机构投资者为主的欧美股市相比，A股仍处于机构散户并存的阶段，投资投机各行其道。机构投资者重视价值与基本面，散户青睐技术分析，双方颇有些格格不入、分庭抗礼的味道。

中小散户喜欢技术分析，因为它见效快，对中短线的指导和参考作用比较明显。机构投资者崇尚价值投资，认为估值为王，长线是金。二者各有千秋，并不矛盾，完全可以取长补短，但尴尬的是，更多的时候它们却相互对立，甚至水火不容，互相攻讦。

本书一向主张兼收并蓄，价值、基本面、技术面三者融而为一，认为这样方能在市场上游刃有余，练就不败金身。也是基于此，全书才展开著作论述的。

先谈一下中小投资者喜爱的技术分析。技术分析迄今有百年的历史，长盛不衰，被许多股民采纳使用。如果把它们按准确程度与前瞻性做排序的话，那根据多年的实战效果总结，我们认为几大技术流派的顺序应该是这样的。

第一，波浪理论。美国人艾略特发明的分析方法，100多年来长盛不衰，对市场大趋势的预测之准，判断之精，令其他任何技术方法都难望其项背。近几年依据此理论，我成功预测了2015年的5178点顶部，2019年4月的3288点波段顶，以及2020年2月3日2685点的黄金坑机会。

第二，技术指标。被众多投资者广为接受的KDJ、MACD、RSI等经典指标，具有强烈的指导意义，如果能对此类指标融会贯通，应用自如的话，那么你盈利的概率在70%以上。

第三，均线。均线有很好的助涨助跌左右，一些重要的均线系统（如年线、半年线、30日、60日等均线）的得失有着重要的参考意义与心理作用。

第四，趋势线和形态。趋势线主要用于支撑和压力测试，个别天才掌握其精髓，用得炉火纯青。形态理论我本人不太看中，参考作用极差。

## 执牛耳的波浪理论

把波浪理论排在第一位，我相信赞同者颇众，但非议的声音也不少。那不妨我们复盘一下2019年4月至2020年2月的大盘走势（上证指数），看看波浪理论的神奇与精准。

2019年4月8日，上证指数见顶3288点开始回落，后受中美贸易摩擦影响开始大幅下跌。当时市场普遍认为这波从年初2440点以来的上涨行情已经结束，但是调整的时间与目标点位，尚不明确。按照波浪理论，如果此波上涨属于1浪的话，那么随之而来的2浪调整将会回落在起始点2440点附近，运行模式大致以A、B、C浪展开。依据此理论，我在多个场所发表看法说，上证指数将首先向下试探2800点缺口，后续考验2600点的支撑，第一目标位为2684点。观点一出，马上被有些人斥责为胡说。但当年7月，上证指数杀跌到2733点，后经过大半年的运行，在2020年2月，受新冠肺炎疫情的冲击，指数暴跌，于2月4日果真见到了2685点，离我预测的点位仅1点之差，如图1–1所示。

图1-1 上证指数3288点至2685点的A、B、C3浪走势

图1-1是A、B、C3浪走势，非常经典的画法，波浪理论的强大威力可窥一斑。当然，有人问，为什么我预测出了2685点，而不是2695点？还有其他点位吗？

前文说过，如果是2浪回调的话，一般回调的目标位在起始点附近，也就是2440点附近。那么，2500点是附近，2600点也能算是附近，但为什么是2684点？

我们说，技术分析方法众多，把这些精妙的理论综合使用起来效果更佳，准确率更高。就拿波浪理论来讲，它本身也融合了黄金分割、道氏理论等精髓。而这个2684点，是我叠加了筹码原则计算出来的。

## 筹码原理的量度

在股票市场上，活跃着一些比较大的资金，如基金、社保等，这些大资金体量庞大，少则十几亿元，多则上百亿元，它们在建仓股票时，会不停地吃进，股票价格往往会被自己打高，这就是产生了所说的冲击成本，有时候它们把一只股票推升至涨停也未必能完全建满仓。中小散户就不同了，资金量小。一个价位就可以把手里的几百股几千股全部买进卖出，有时候碰巧就买到了最低点，卖到了最高点。对机构来讲，这种散户们洋洋得意的最低点和最高点，都是无效价位，因为机构经常一下子把上面多个不同价位的卖单一笔吃掉，卖出时，会把下面多个价位的买单瞬间砸灭，所以不存在绝对的最低买入价与最高卖出价之说。我经过多年的总结，也求证了一些公募和私募基金经理，最终发现一个很有意思的规律，那就是百分之十的筹码原则。简单归纳起来就是：大资金在建仓时，起码会多冒出百分之十左右的建仓成本。如果以10元股价为例，机构抢筹推升，就大都会出现11元的建仓价格。所以，在计算时，我们可以个股或者大盘的最低点为基数，再加百分之十，那大致就能判断是大资金们的底仓价格，这个价格，也将是未来股价回撤时的一道重要防线。那这一次，2684点就是2019年年初的低点（2440×1.1=2684）。

基于这个原则得出这个计算结果，那心里就大致有谱了，再结合RSI指标的严重超卖（上证指数RSI指标2月3日到了8.55，是多年未遇的现象），于是我在2月3号大盘暴跌7%，千股跌停的当天晚上，在许多场所公开道："明天调整的第一目标为2684点，投资者见此点位可以勇敢进场。"结果，第二天的2月4日，指数开盘就开在了2685点，离2684点误差仅一个点。然后大盘迅速见底回升，随后的十几个交易日更是凌厉上攻，大涨近400点，出现历史上罕见的大V走势。

这次的反弹底部，让百分之十的筹码规律又一次得到了淋漓尽致的验证。同时这也是波浪理论+RSI指标+筹码规律的又一次成功的联袂演绎。

遗憾的是，许多投资者在2月3日晚上就挂出了跌停板的卖出价，希望在第二天早盘时能尽快成交手中的股票，因为，他们担心千股跌停现象的会连续出现。也就是这个决定，让许多人把股票砍在了春季行情的地板价上。

卖在最低点的投资者，一是输在了经验不足，二是被有些文章干扰。当时许多博文言之凿凿地说，由于新冠肺炎疫情的影响，中国可能会划为疫区国，这样的话，大量的产品卖不出去，与外国的经济交流会中断，经济会遭受重大打击等——这无疑给投资者造成了极大的恐慌。这类文章作者大多是出于专业的角度去分析问题，本无恶意。但是，文章的观点、概念、逻辑都有待商榷。世界卫生组织宣布中国的新冠肺炎疫情为突发公共卫生事件，并不等同于疫区国概念，而且，疫区国的宣布时间和日期都尚无定论，如果连这些问题都搞不清楚，就不严谨地去发表言论，对他人包括对自己都会造成极其不好的负面影响。

与这些文章类似的是一些股市分析博客，也很悲观，认为千股跌停会连续出现，这就加大了投资者的恐慌抛售。但是如果投资者能认真对比一下历史上的几次千股跌停，进行分析参照，或许就不会犯下这样的操作错误。

A股历史上曾出现过三次连续千股跌停的局面：第一次是1996年12月16日，第二次是2007年的5月30日，简称5·30，第三次就是2015年的6月。从时间周期分析，1996—2007年，相隔11年；2007—2015年，相隔8年；而2015—2020年，仅相隔4年多的时间，周期不对称，因此连续千股跌停的概率小。再就是从涨幅分析，1996年的千股跌停，是大盘从512点起步涨到1258点，在涨幅为两倍多的情况下发生的；2007年的千股跌停，是大盘从998点开始一直到4345点，在上涨4倍的前提下出现的；至于2015年的千股跌停，则是从2003点为起点上涨到5178点，在升幅近3倍的“杠杆牛”中爆出的——而当下，仅仅是从2019年的2440点涨到了2746点（2020年2月3日的收盘点位），涨幅仅10%多一点，而且是在许多个股还不断创下新低的情况下，怎么可能再出现连续跌停呢？谣言止于智者，分析亦产生智者。

图1–2、图1–3、图1–4为三次千股跌停的K线图。

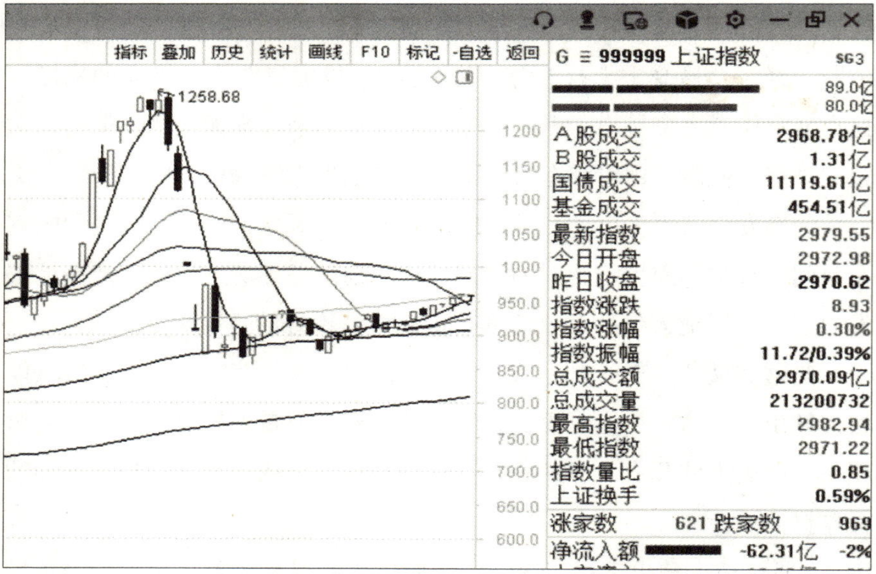


图1–2　1996年12月上证指数

图1–2是1996年12月16日，上证指数在管理层的剧烈降温措施下，出现的连续跌停走势。当时大盘近乎三个跌停。

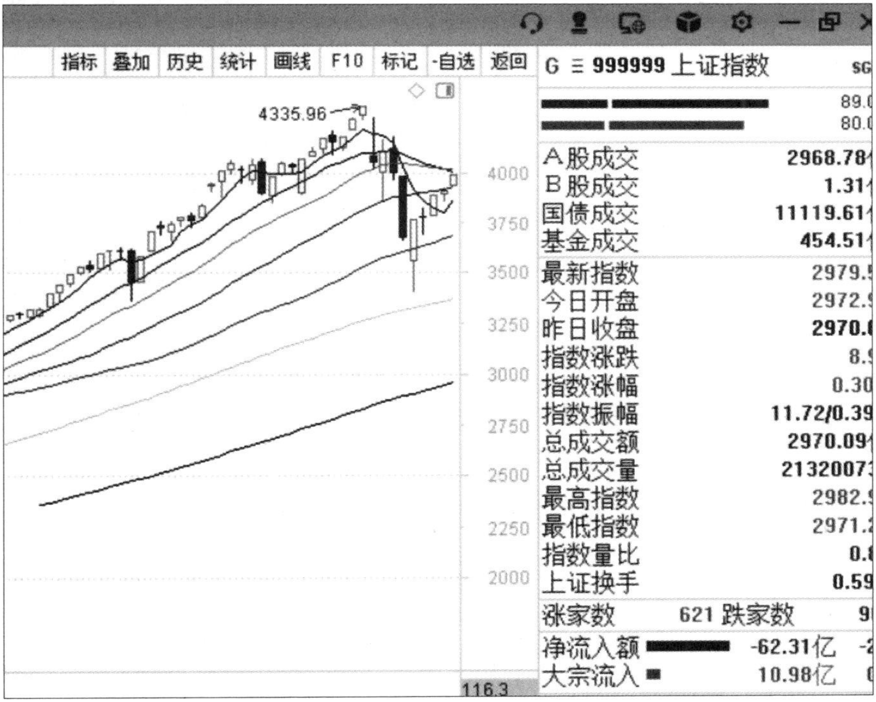


图1–3 2007年5月30日上证指数

图1–3是2007年5月30日，由于市场涨幅过大，加上财政部上调印花税的消息影响，A股出现的千股跌停现象。上证指数从4335点最低下跌到3404点，将近1000点的跌幅。许多个股连续5个跌停。

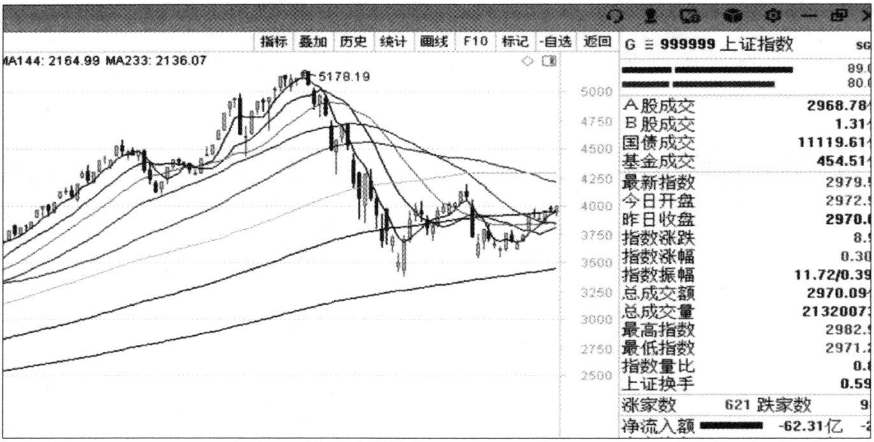


图1-4　2015年6月中旬的上证指数

图1-4是2015年5178点出现的千股跌停现象。许多投资者记忆犹新，不再赘述。

## 第二章

# 百分之十的筹码原理

第二章

# 百分之十的筹码原理

前文中讲述的百分之十的筹码原理，是判断底部的一个技术分析方法，捕捉到了2685点的超跌机会。那么这个原理，是否也可用在顶部的判断上？回答是肯定的。

## 案例一：2009年小牛市中的测顶

2009年，A股在经历了2008年哀鸿遍野的金融危机后，率先止跌回升，走出了一波强劲的恢复上升行情。

当时受政府“四万亿”投资的利好刺激，上证指数从1664点起步，一路攀升，于2009年的7月23日完成了自起始点整整一倍的涨幅，收盘于3328点（1664×2），精准神奇。彼时，市场情绪高涨，牛市气氛热烈，投资者都普遍憧憬着指数能上冲3500点，甚至4000点，从而以最大可能挽回在2008年熊市里遭受的惨痛损失。当时一直跟踪研究盘面的我们，经过仔细的分析判断，认为大盘的各项技术指标已经严重超买，顶部特征出现，并依据百分之十的筹码原理，推算出行情可能结束的点位为3328+（1664×10%）=3494点。

前面介绍过，这个方法就是在当下指数翻倍的基础上，再加上底部百分之十的溢价（1664×10%）得出的。果不其然，几天之后的7月29日，沪指摸高3454点后，当日盘中就莫名其妙出现大跌，并一度暴跌264点，尾盘虽有所收回，但收盘仍大跌171点，跌幅为5%，K线上留下了一个恐怖的断头铡刀形态。随后几日尽管有所回升，但二次冲顶创下3478点阶段新高后便急剧下行，不到一个月的时间就跌到了2639点。

这个3478点的高点，离百分之十的筹码原理测算出来的3494点仅差16点，误差为0.46%，如图2-1所示。

图2-1 2009年6月上证指数

## 案例二：2015年的5178点

2014—2015年，阴跌蛰伏5年多的中国股市终于迎来了一波壮丽的行情，A股从2014年7月11日的2033点起航，一路高歌猛进，狂飙到第二年即2015年的6月12日，创下了仅次于历史高点6124点的次高点5178点。当时市场已近疯狂，许多分析评论都看到了5500点，甚至6124点，而对山雨欲来的巨大风险毫无察觉。我们在4800点上方，开始变得谨慎小心。一边用历史上几次顶部的静态及动态估值来分析对比，一边用筹码原理进行归纳计算，统计出两个具体的顶部点位。

第一，按照筹码原理，上证指数达到5000点后，顶部位置应该推算为：5000+2033×10%=5203.3（2033点为本轮起始点）。

第二，机构进场的点位在2452点（2014年11月20日，与本轮起始的点位2033点不同），得出顶部位置应该2452×2+2452×10%=5149点。

得出这两个结论后，我们分别通过讲座、邮件、电话、微信等各种方式向投资者提示风险，建议清仓。

6月12日，指数摸高到5178点见顶回落，宣告了近一年牛市行情的终结，这个点位离我们的筹码原理测算出来的点位相差无几。

第一种的推算结果5203点离5178点相差25点，误差为0.48%。

第二种推算的结果5149点离5178点相差29点，误差为0.56%，如图2-2所示。

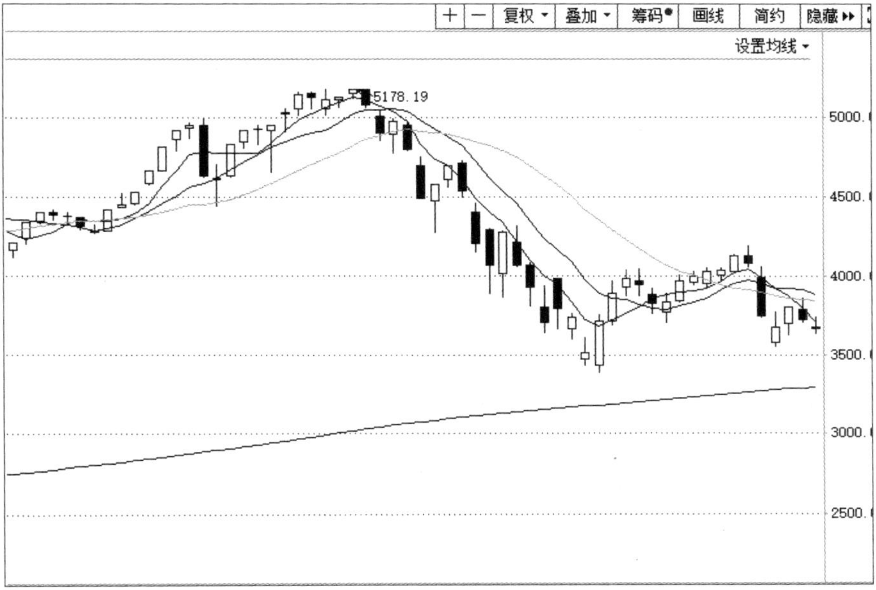


图2-2 2015年6月上证指数

需要补充说明的是，这次大顶的预测，也得益于波浪理论的精髓。因为技术分析不是孤立的，“一招鲜，吃遍天”的武林秘籍在股市里是不存在的，多种方法武器叠加，互为辅助，效果会更好、更精准。

因此，温故知新，我们很有必要再回顾一下。

来看当时的浪形：1浪从2033点上升到3406点（2015年1月9日），涨幅为1373点。经过近一个月的2浪回调，回调到3049点（2015年2月9日)，然后3浪重拾涨势。按照波浪理论，3浪起码要和1浪等长，那么3浪的第一目标要达到4422点（3049+1373）。由于市场的强势无比，这个点位被轻松地一跃而过。2015年4月28日，上证指数触摸4573点后出现大幅调整，这个点位恰巧是3049点的1.5倍的升幅（3049×1.5），黄金分割率在这里显示出神奇的力量。调整结束后，大盘继续上行，在5月27日精准上摸4956点，离黄金分割位4946点（1373×1.382+3049）仅仅误差10个点，又是1.382的黄金比例，然后出现比较大的杀跌，主力在这里完成了一次大规模的出货。我周围许多有经验的老股民出于谨慎，开始提前退场了，像华东理工大学、复旦大学的一些教职员工，上海石化、上海宝钢的一些投资者，都止盈出局了（这些“过早”出局的人，被有些股民们嘲笑说胆子太小了，卖得太早了。但不久，这些嘲笑他人的人，马上成了被嘲笑者）。

两天后，大盘便迅速结束了这个调整，在融资盘、配资盘、新股民、新基金的合力加持下昂首上行。但盘面和资金流向显示，一些筹码开始松动，超级主力有边打边撤的迹象。6月8日，指数又突破了一个重要的点位5108点（1373×1.5+3049），牛市不言顶的股谚似乎在验证中，那么接下来突破6124点，创历史新高好像在欢呼中已经顺理成章。但是，上涨真的没有终点，牛头真的那么势不可挡，后续真的要继续将挑战下一个黄金目标位5270点（1373×1.618+3049），直至历史高点6124点吗？

俗话说，一鼓作气，再而衰，三而竭。在大盘接连突破1.382、1.5等黄金分割重要点位时，1.618的位置和筹码原理提示的5149点显得压力重重，市场做多能量明显已经力不从心，主力亦不断上演拉升—杀跌—再拉起的伎俩，诱多散户，温水煮青蛙，从而达到派发筹码的目的。逐渐，日K线的阳线实体越来越小，周线上的RSI、MACD等指标多次出现背离，昭示多头已是强弩之末，行情随时就要反转直下。终于，5178点主力图穷匕见，市场露出了狰狞的面目，疾风暴雨顷刻降临，千股跌停，曲终人散，如图2-3所示。

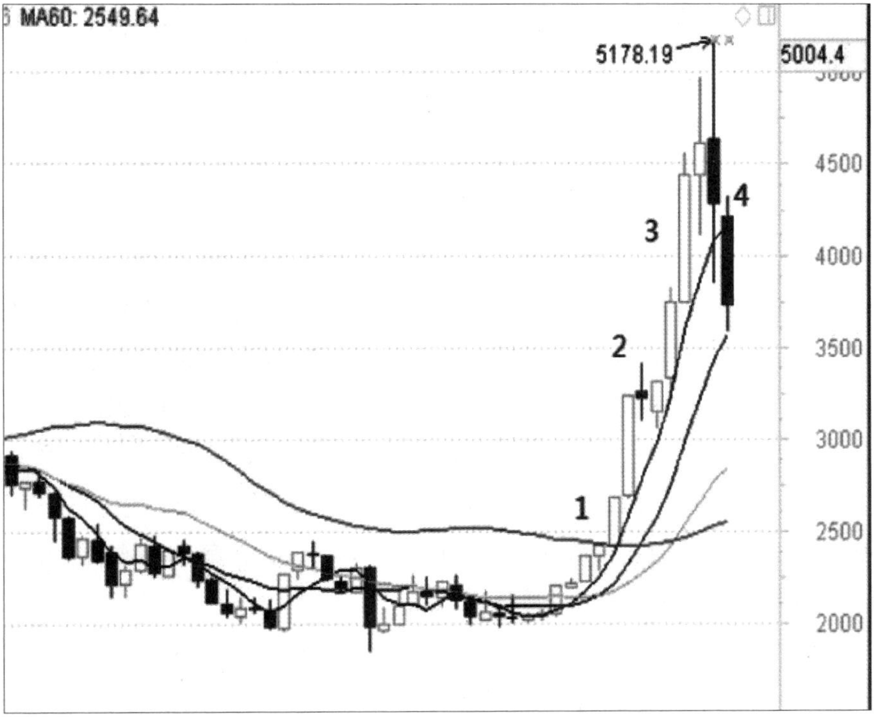


图2-3 2014年7月~2015年6月上证指数月线

图2-3这个波浪画法有的朋友提出疑问，认为2003点至5178点应该是5浪结构，我的画法只有3浪，不准确。解释如下：①我们不要刻舟求剑，为“浪”而“浪”，为技术而技术，这样很容易背离了技术是为市场服务的本质。学术争论是好事，但是一味地抬杠就显得无意义。②放在更大的浪型级别里，2003点至5178点只是6124点以来的大B浪反弹，因此未必一定要走出标准的5浪上升结构。有的资深股民迄今都不认可5178点是牛市，只是6124点下跌以来的一段脉冲行情而已。③测顶

测底需要多种技术并举，单独一项分析方法很难取得圆满的效果。波浪理论是博大精深的预测方法，但并不是百发百中的制胜法宝。

## 案例三：2007年的6124点

2007年的6124点，是中国股市曾经的光荣与梦想。在股改与人民币升值的汇改等双重利好助推下，大盘从2005年998点崛起，在不到两年的时间里，势如破竹，抢关夺隘，涨幅达6倍多，创下了自中国股市开市以来的最大涨幅，并一举将红旗插上6124点的高峰！当时全民皆股，遍地股民，万众沸腾，无数投资者在“死了也不卖”的歌声中，捂死筹码，一心要等待股指突破7000点，再问鼎8000点，在奥运年（2008年）站在珠峰上（8848点）看奥运。

那时市场的强势与升幅之巨，是行情自998点起始时任何人都无法预料和猜测到的。我们也只是在2007年5·30之后，才用波浪理论预测到上涨的极限将会在6000点。所以在市场突破6000点之后，我们开始全面看空，其中一个方法就是利用筹码原理对顶部做了测算。

998点行情启动，百分之十的量度即998×10%=99.8点，那么上涨的极限应为6000+99.8=6099.8点。这离最高点6124点仅差25点，误差为0.4%。

该筹码理论再次取得了令人满意的结果，如图2-4所示。

图2-4　2007年10月上证指数月线

## 未来牛市的可能升幅

本书在写作过程中，曾将部分章节发给一些同人，以征求意见。有些量化基金经理读后，提出了他们的想法，就是希望把书中的一些指标和公式用来做量化因子，纳入基金的量化投资策略中。其中热切关注的是对未来牛市的高度的预测，究竟会上破5178点还是6124点？

根据世界各国的证券市场发展规律，我们得出这样一个结论，那就是任何一个国家的股市迭创新高几乎是大势所趋。因此，A股的5178点、6124点绝不是中国股市永久的顶峰，未来新牛市的高点必将打破此纪录。

我在完稿此书时，正值2020年的春夏之交，此时离2014—2015年那波牛市已经相隔了五六年的光阴，从时间周期来分析，又一波牛市已渐行渐近。如果我们以2019年1月2440点为牛市的第一个支点，2020年7月（按照江恩理论。每年的1月和7月。很容易形成全年重要的底部和顶部）为第二个支点——假设这第二个支点的点位在2600点的话，那么未来牛市的高点有可能在7000+2600×10%=7260点，或者8000+2600×10%=8260点。对一些期盼中国股市上破万点的投资者来说，不妨这样计算：10000+2900×10%=10290（假如股市跌不下去，7月出现的第二个支点在2900点的话）

以上这几个量度升幅结论，供一些量化基金经理朋友和广大投资者参考。

有人担忧说，如果这个百分之十的筹码原理被主力知悉并反做的话，是否会很快失效？

不排除这种可能。之所以这个原理一般不轻易用在个股的涨跌幅上，就是因为个股容易被操纵。但对于总市值30多万亿元（牛市来临时或许达到百万亿元）的A股而言，任何主力都很难随心所欲地把控，因此，该原理依旧有一定的参考意义。

在归纳总结这个原理的间隙时，我翻看到了一本书《江恩华尔街45年》（译者陈鑫）。该书讲述了江恩在1896年8月8日，以及1921年8月24日，对道琼斯12种工业指数价格所做的百分比分析详解。该测算法是基于某个时点的价格的最低价，然后按照上涨的25%、50%、

62.5%、75%、100%、125%等进行逐一推演，以计算出未来的价格。看到这个公式的一瞬间，我突然有了一种找到理论根据的感觉，觉得该天才算法和本书的筹码原理不谋而合。当然，我等勉为凡人，不敢和巨匠比肩，但是数学、艺术、音乐、科学却永无国界，它是人类共同的语言。

第三章

# 万术之基：抽象的K线图——KDJ指标

第三章

# 万术之基：抽象的K线图——KDJ指标

K线图是日本人发明的，最初起源于十八世纪的日本德川幕府时期，原用于米市的交易，因其形似蜡烛，故也命名为米烛线。之后用在新兴的证券市场上，由于图形直观、简洁、高效，备受投资者喜爱，成为股票和期货投资中最重要的基础分析方法。后传到欧美，亦大受欢迎。英文翻译为KEI线，按照习惯，人们取其第一个字母K，因此称作K线图。

K线图作为东方思维智慧的代表，在西方的金融市场上获得了充分的肯定与青睐，其研判的精确与完设程度，均超过了美国的本土“K线图”——美国线（柱状图），在欧美人垄断的技术分析领域中，为东方人争得了荣誉与一席之地！

巧合的是，西方技术分析中的重要指标KDJ却和K线图有异曲同工之妙。尽管二者在表现形式上有所不同，一个是直观的图形，另一个是数字连成的曲线，但它们都是由收盘价、最高价、最低价等几个要素衍化生成而来，原理也几乎如出一辙，操作性与指导意义亦有惊人的相似之处。因此，本书把KDJ指标称为抽象的K线图。

## 简易化的KDJ指标公式

在详细介绍之前，我们先问大家一个问题。

如果你手中的股票今天收盘价为8元，明天收盘价为7元，后天收盘价为6元（也假设这三天的最低价都是4元）——那么你选择继续持有，还是卖出？我相信大多数人都会异口同声地说："卖出。"因为，它可能要持续跌下去了，第四天或许会跌到5元了，必须先落袋为安。

非常好，这个回答实际上已经接触到了KDJ指标的部分核心。

我们再看下面几个数字：8/4=2，7/4=1.75，6/4=1.5，2、1.75、1.5三个依次递减的数字，明眼的读者一下子就看出，这不是用上述股票连续三天的收盘价，除以它三天来的最低价得出的吗？没错，是的，这种收盘价/最低价的计算方法，就是KDJ指标的核心公式（只不过我们把这个指标公式做了一个简易化的处理而已），这得出的几个不断缩小的数值，和8元到6元的K线收盘价一样，也向投资者揭示了一个趋势——价格在不断走低，需要卖出了。

这样一对比讲解，我们就大致明白了一点儿：K线图是用直观的收盘价来决定操作方向，而KDJ指标则是用一个数学的计算结果来发指令，它是以收盘价作为分母，最低价作为分子（简易公式）来计算出商值，然后把几个值连线起来，像均线一样，提示牵引着价格的未来走向。由于它拥有几个不同时间周期的数量优势，因此在一定程度上克服了单一K线和其他技术图形（如头肩底、箱体等）模棱两可的缺陷，发现了我们肉眼和直观看不到的东西，过滤掉了投资人犹豫不决、患得患失等情绪因子的困扰，准确客观地提示人们在出现死叉信号时就要卖出，出现金叉信号时就要买进等。

因此我们总结出：K线图的指示信号直观迅速，KDJ则抽象缓慢；K线图的短线意味强烈，KDJ则以中长线见长；K线图有时候无法识别的转向与多空的胜负，KDJ指标往往能率先提示出来，并迅速做出趋势的指引。

我们还是先用实例来佐证一下KDJ指标的效果意义，如图3-1所示。

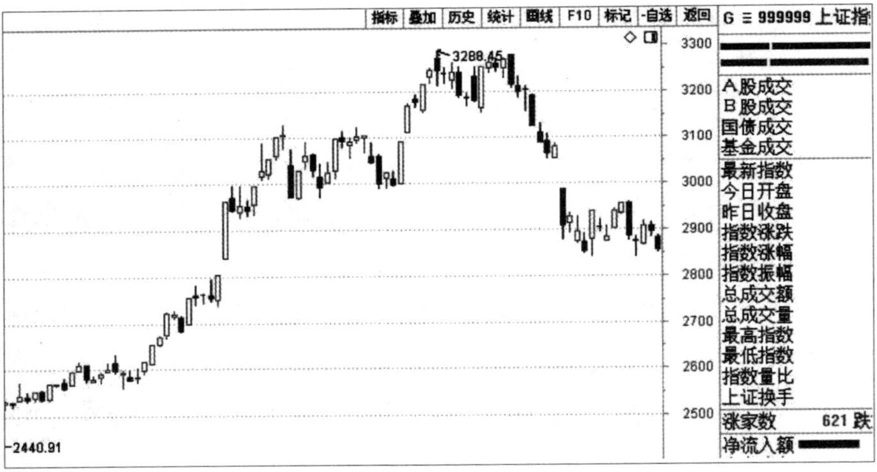


图3-1　2019年4月上证指数日线

图3-1是2019年年初，A股在探底2440点之后，借助证监会主席换帅之际，掀起的一波春季行情。1月中旬行情发动，在当年的4月8日上摸3288点，后受两家券商给当时大盘的领头羊中信建投出具“卖出”评级的影响，开始出现大跌。4月30日回调逼近前期平台，在众人都认为即将获得支撑从而返身向上的时候，突然爆出了关税战的黑天鹅消息，结果第二个交易日（5月6日）暴跌5.58%，K线图上留下了一个巨大的向下跳空缺口，人们戏称“特朗普”缺口。当时，这个走势如果从K线

图形的角度分析，不足以得出要下跌乃至暴跌的结论，但是周KDJ指标，却提前发出了警示。我们来看周线图，如图3-2所示。

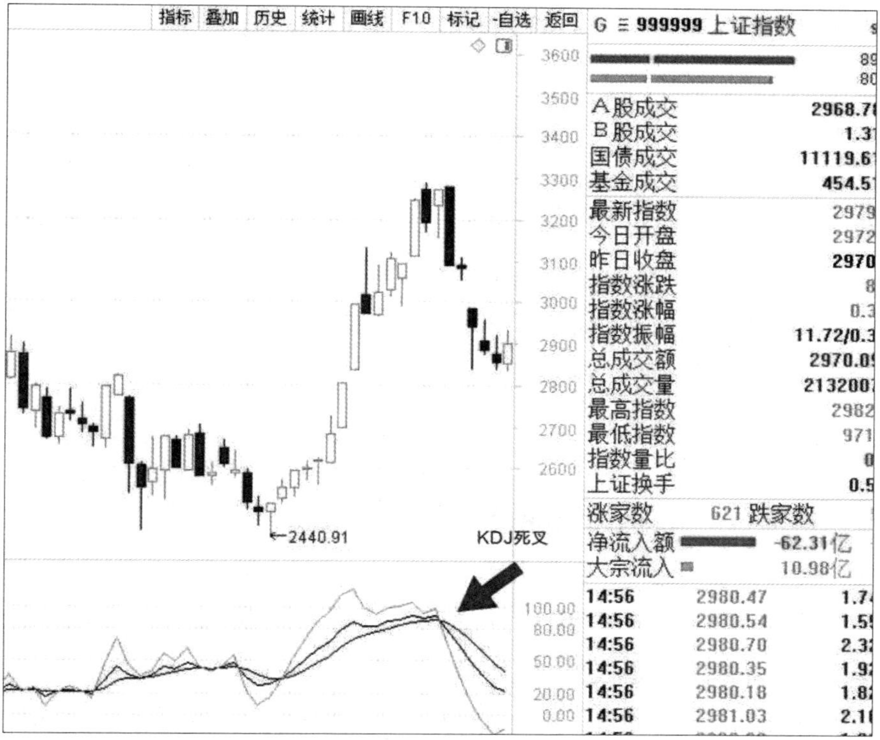


图3-2　2019年4月上证指数周线

从图3-2中我们明显可以看到，收盘日在4月26日的这一周，周线KDJ已经从高位死叉，发出了明确的卖出信号，提示大家可以退场了，而接下来的4月29日，30日两个交易日也给了大家充足的出逃时间。但是，很多投资者并没有意识到这一点，包括很多基金经理，均显露出了交易中常犯的优柔寡断的弱点。而其他分析系统也没有发出卖出提示，包括MACD、周K线图等。周K线是大阴线后的一个小十字星，这种十字星态度暧昧，也可能是止跌十字星，也可能是下跌中继十字星，很难判断后续走势，而只有KDJ指标，清晰地给出了后市的方向！

俗话说，早知三日事，富贵一千年。KDJ指标在此波行情中，恰巧提前三个交易日知道了暴跌（4月26日周线死叉提示卖出，5月6日暴跌，扣除节假日正好三天），尽管未必使大家富贵（做空期指除外），但足以使投资人回避了风险，保留住上半年的收益。该指标也再次显露出先人一步，未卜先知的万术之基的本色！

用这波行情的走势诠释了一遍KDJ的客观精确后，我们需要详细了解掌握这个经典指标了。

## 蕴含K线元素的KDJ指标

许多书籍说KDJ指标计算方式复杂，但在本书的剖析下，希望能化繁为简，使投资者能轻松理解，简单掌握。

前面我们已经谈及了KDJ简单的算式（收盘价除以最低价），那是我们把该指标做了简易化处理，目的是通俗易懂，使大家能迅速搞清楚KDJ指标的核心，做到知其然也知其所以然，在恍然大悟中接受其精髓，从而信心十足地拿去应用操作。

我们再看它的原版公式。KDJ指标是先计算出一个未成熟随机值，即RSV，然后根据平滑移动平均线的方法来计算K值、D值与J值，并绘成曲线图来研判股票走势。为方便掌握，我们暂把这个RSV认定为KDJ。

它的计算方式是

$$RSV=\frac{\text{收盘价}-\text{最低价}}{\text{最高价}-\text{最低价}}$$

大家要认真看一下这个算式的分子分母，揣摩一下发明者缜密的构思：假如一只股票，它每天的收盘价越来越低，而最低价和最高价保持不变，那么公式中的分子是不是越来越小（收盘价与最低价的差）？在分母不变的前提下，除出来的数值是不是也越来越小？那数值越来越小的话，就意味着从高位下降到低位，下降到一定程度，就会出现所说的死叉，这就是KDJ发出的卖出信号。反过来，如果收盘价越来越高，分子变大，除出来的数值变大，那就从低位开始上升，出现所说的金叉，需要买进了，如图3-3所示。

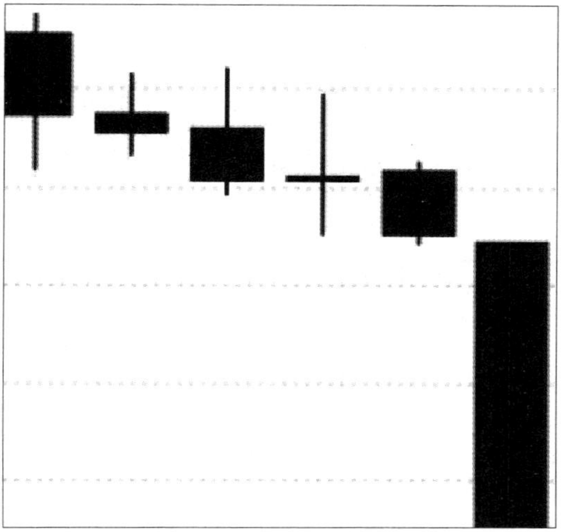

图3-3 重心下移的K线

图3–3是一张K线图。收盘价越来越低显示重心下移，上影线越来越长表明抛压加剧，最终暴跌。有经验的老股民看到这样的走势，不会傻等到大跌来临，早就会毫不迟疑地卖出了。但我们把这张图的收盘价、最高价、最低价等几个价格，套用在KDJ公式中进行计算，是不是会得出和K线图一样的结果吗（前文中提到的8/4=2，7/4=1.75，6/4=1.5已经说明）？况且，这个指标发出的死叉信号，不也干脆利索地打消了股民们诸如“万一涨上去，万一跌下去”等心存侥幸的心理吗？

我相信阅览此书的股民朋友们读到这里，大多会对KDJ指标产生一种醍醐灌顶的彻悟。这可真的是抽象的K线图啊！而K线图不也就是形象的KDJ吗？

这也是2008年春寒料峭的一天晚上，我在上海长宁区的一间斗室里，苦读技术指标典籍时突然参悟出的感受。就在那一瞬间，我似乎在夜空中看到了东西方的智慧出现了一道闪电般的碰撞，天才大师们完成了一个跨越百年的拥抱。我们每个投资者都仿佛站在技术分析的圣殿里，聆听着先贤们金声玉振的声音，沐浴着百年来神圣的数学光辉！

技术分析是自然之美、数学之美，是融数学、天文学、几何学为一体的理论。

江恩说：“数学是整个文明世界所同意的唯一真正的科学，所有地球及天上的力量都由数学掌握。”

数学家毕达哥拉斯说：“上帝之前是数字。”

第四章

# KDJ指标的应用

第四章

# KDJ指标的应用

上一章谈了KDJ指标的核心公式RSV，有了它以后，K值、D值、J值就很容易推理出来了。

当日K值=$\frac{2}{3}$×前一日K值+$\frac{1}{3}$×当日RSV

当日D值=$\frac{2}{3}$×前一日D值+$\frac{1}{3}$×当日K值

若无前一日K 值与D值，则可分别用50来代替。

J值=3×当日K值−2×当日D值

KDJ指标后来做了修正，把RSV做了权值处理，在K值里占了$\frac{1}{3}$比重，以显示近期趋势的重要。

KDJ指标目前多采用9日的周期，广被大众认可和接受。

$$9日RSV=\frac{C-L_9}{H_9-L_9}\times 100$$

公式中，C为第9日的收盘价；$L_9$为9日内的最低价；$H_9$为9日内的最高价。

KDJ的数值：KDJ指标中，K值和D值的数值范围都是0~100，而J值的数值范围可以超过100和低于0。根据KDJ的取值，可将其划分为几个区域，即超买区、超卖区和观察区。

K、D、J这三值在20以下为超卖区，是买入信号；

K、D、J这三值在80以上为超买区，是卖出信号；

K、D、J这三值在20~80为观察区，宜观望。

实际操作中，超卖区和超买区需要高度重视，许多高手都是通过对这两个区域的判断来进行进场或者退出的决定，如图4-1所示。

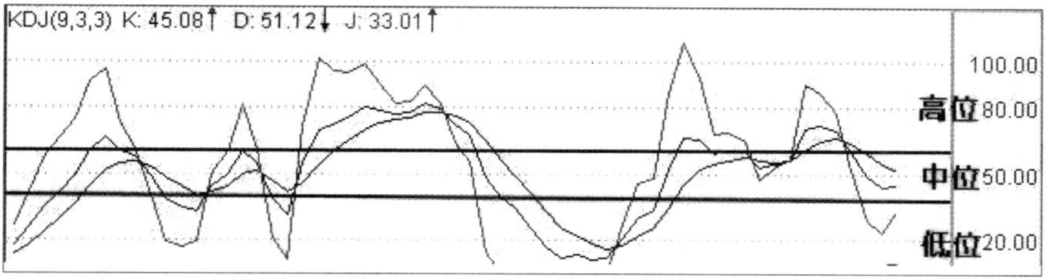


图4-1 随机指标KDJ

图4-1是随机指标KDJ。里面的K、D、J这三条曲线，被有的技术高手形象地称之为三条飞舞的龙，这是把西方数理与东方图腾结合在了一起，非常贴切。我们则更希望这三条龙能给中国股民带来祥瑞。

## KDJ指标的周期与交叉

KDJ指标在使用时，有两大要素：一是周期，二是位置。

正如K线有日K线、周K线、月K线等，KDJ指标也有月线、周线、日线、分时等大小周期。

就重要程度而言，月线强于周线，周线强于日线，日线强于分时——即大周期要强于小周期，就像相扑比赛一样，大相扑选手很轻易把小相扑选手扔到地上。

三条曲线组成的KDJ，经常会发生缠绕等，我们称之为交叉，按照位置可划分为黄金交叉和死亡交叉两种形式。金叉是指KDJ指标中的K线由下向上穿过D线，并且形成有效的向上突破，是买入时机。死叉的概念则相反，是指K由上向下穿过D线，提示卖出。

实际操作中的诀窍是：金叉的位置越低越好，死叉的位置越高信号越准确。

譬如金叉，当股价经过一段较长时间的低位盘整行情，K、D、J三线都处于30线以下，这时候如果出现J线和K线几乎同时向上突破D线的迹象，则是积极的进场信号，投资者应把握机会。

尤其是月KDJ值。当其在低位金叉时，围猎大波段的资金则会在政策面和资金面的配合下逐步进场吸纳，致使这种低位通常会产生大行情乃至牛市。大资金建仓以后，转而会比较重视周KDJ所处的位置，用来指导中线波段的循环高、低点，而不太理会日线的频繁死叉与金叉现象，如图4-2所示。

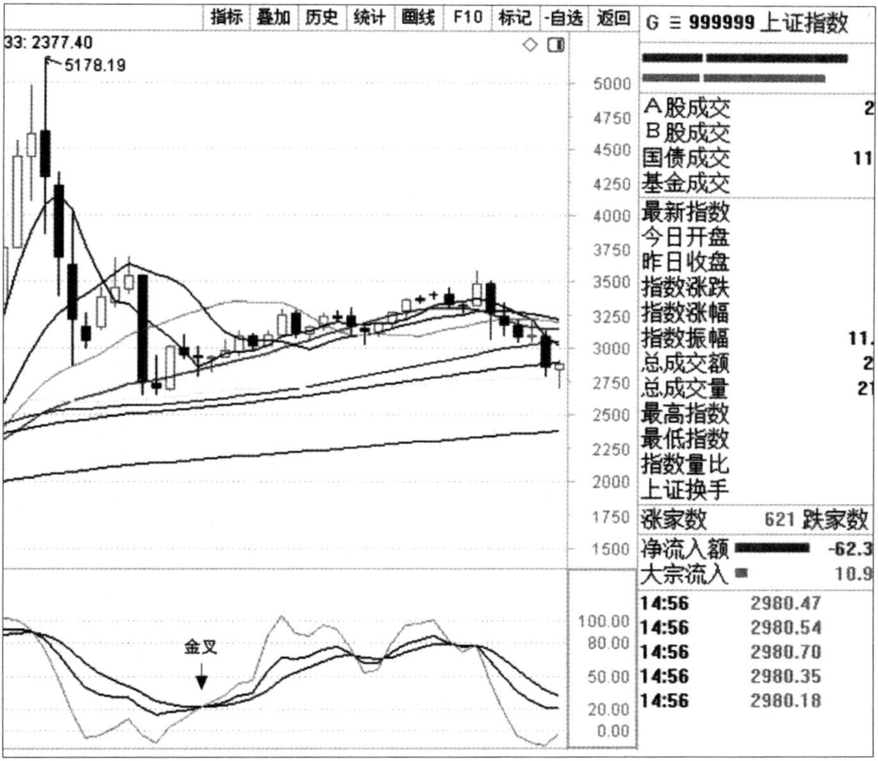


图4-2 2016年上证指数月线

2016年6月，上证指数从5178点下跌了近一年后，月线的KDJ指标终于出现了令人惊喜的金叉，K值从21的低位数值向上突破了D值的22，跃升为23，这是调整结束，一波行情来临的积极信号。果真，指数在2850点企稳，开启了长达一年半的上涨行情，直至2018年1月的3587点结束。在此期间，以长春高新、恒瑞医药、青岛海尔、格力电器、五粮液等为代表的蓝筹股，也同步开启了中国股市为数不多的蓝筹时代。

恒瑞医药（600276）月线如图4-3所示。

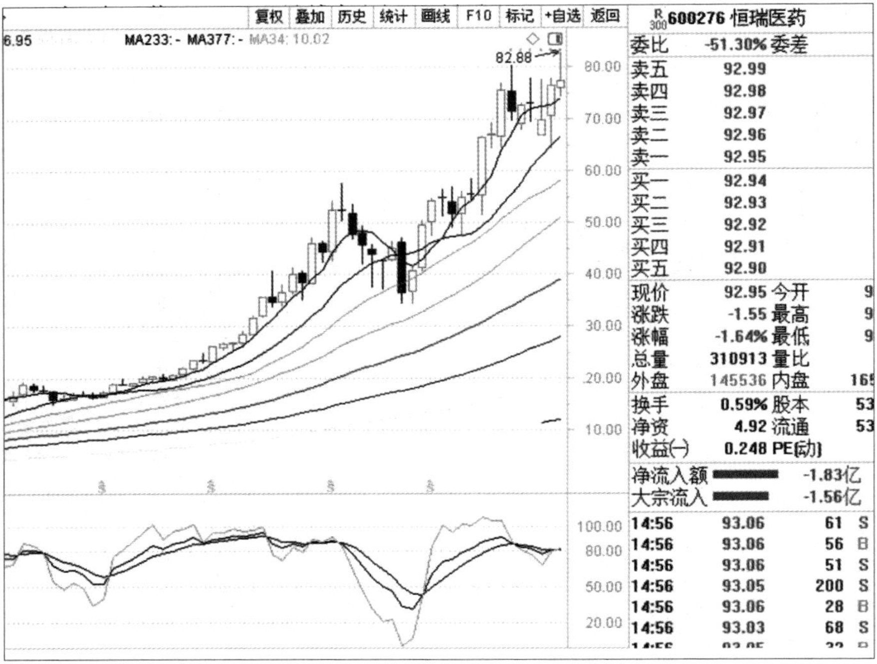


图4-3　恒瑞医药（600276）月线

有时候K线和D线在低位要交叉好几回，交叉最少二次以上才是买进信号，越多越好。当股价经过一段时间的上升,中途出现盘整行情，K、D、J线在50线附近徘徊，一旦J线和K线几乎同时再次向上突破D线，成交量再度放出，意味着将再次上涨，可以加码买进。

2019年五粮液（000858）的周线如图4-4所示。

图4-4 2019年五粮液（000858）的周线

投资者在具体使用该指标时，有一个要领，那就是：K线在D线已经抬头向上与D线相交叉，比D线还在下降时与之相交叉更有效，望大家在实际中多加验证。

当KDJ指标中的K线自上向下跌破D线时，二者就形成了死叉形态。这样的形态如果出现在70上方，被称为高位死叉，是看跌卖出信号，如果在90以上，看空风险更强烈，完全可以清仓等待了。在第一次死叉后，KDJ又向上反弹到80线附近，但未能重返80线以上时，一旦再次发生死叉，表明股市将进入极度弱市中，投资者必须回避。

2019年东方通信（600776）的周线如图4–5所示。

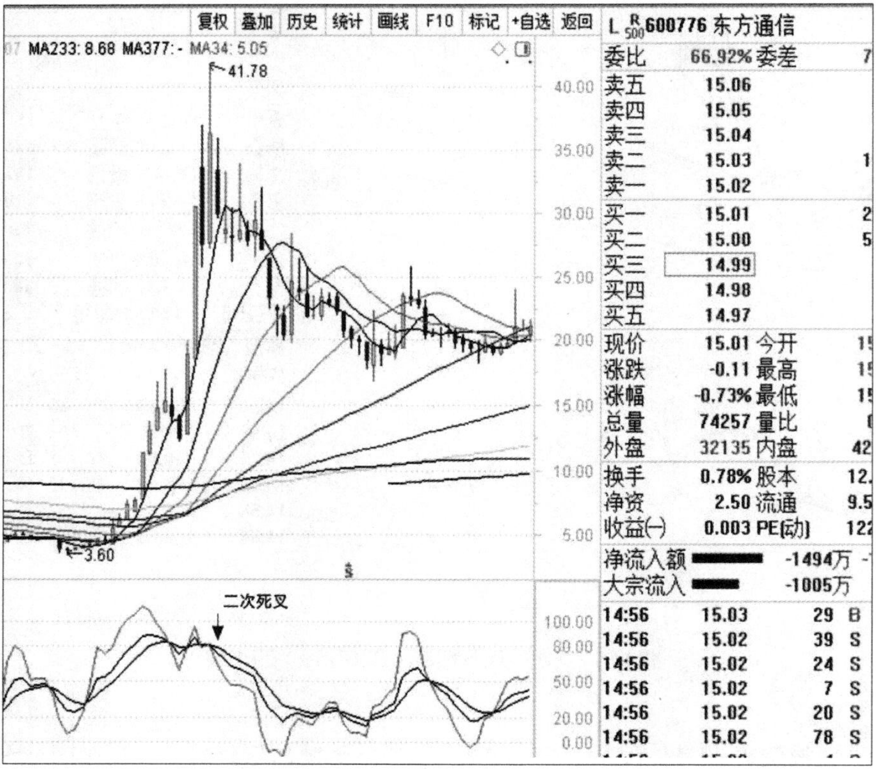


图4–5 2019年东方通信（600776）周线

2019年年初，大牛股东方通信（600776）在完成了10倍的升幅后，股价开始退潮。3月8日，周线KDJ二次死叉，随后便开启不断的下跌寻底过程。

## 指标周期的均衡

前面分别列举了周线、月线和日线指标的用法。有一个让投资者困惑的问题是，三者经常出现矛盾的情况，即日线金叉了，周线却死叉了；周线死叉了，月线却金叉了，究竟依据哪一个周期出牌，大家无所适从。它们之间的均衡点在于：大周期决定方向，小周期决定交易。我们从无数的实例经验，总结出以下重点技巧。

（1）周线、月线KDJ共振金叉是难得的买入机会，要积极把握住。

2019年11月神州数码（000034）的周线如图4-6所示。周线KDJ出现金叉后，股价从16元一路攀升至32元。

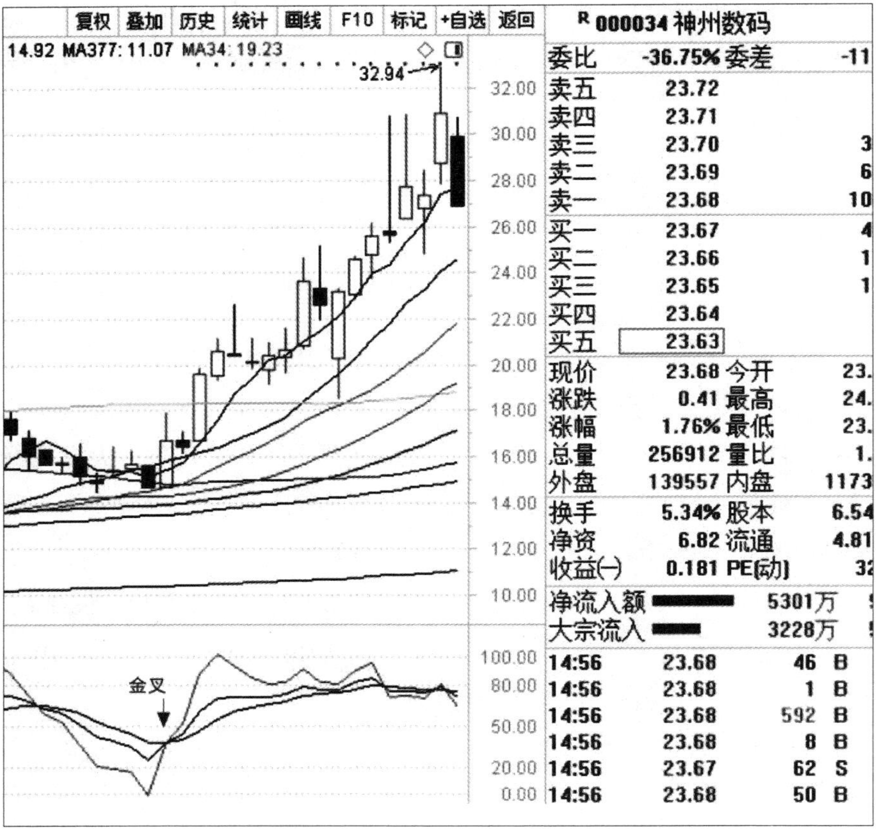


图4-6 2019年11月神州数码（000034）的周线

2019年1月神州数码（000034）的月线如图4-7所示。

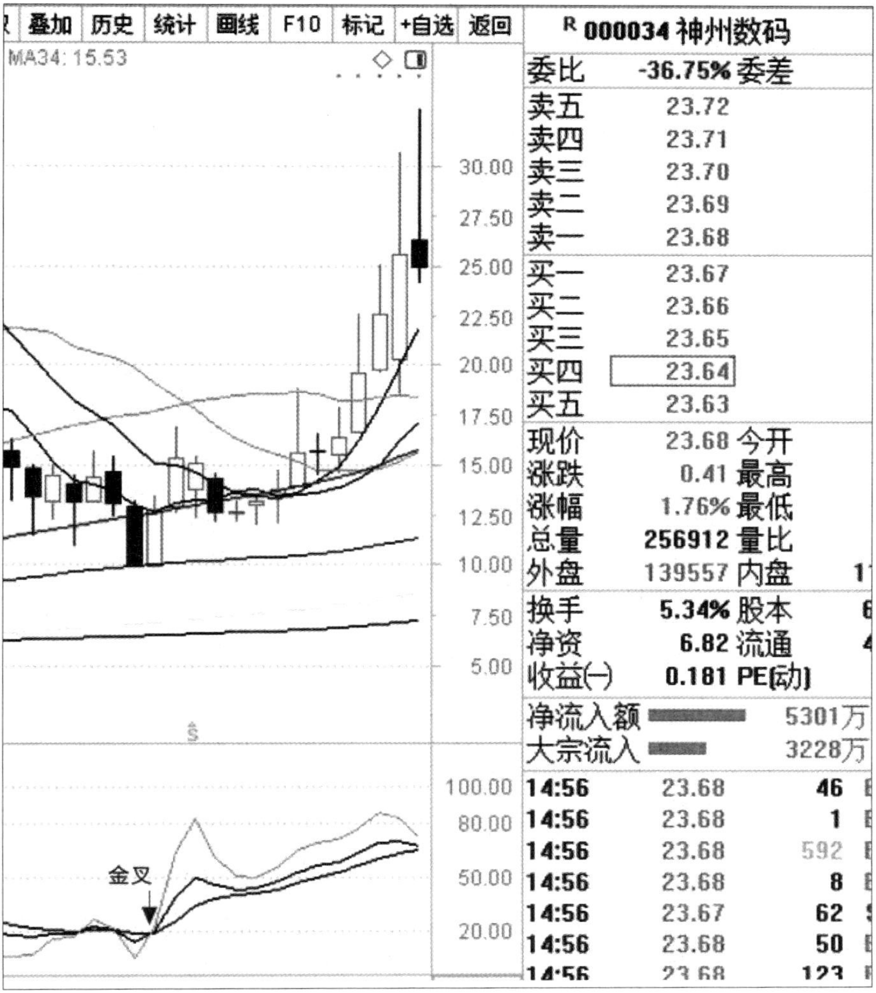


图4-7 2019年1月神州数码（000034）的月线

2019年2月，神州数码的KDJ月线早早出现了金叉现象，显示有资金在悄悄介入，中间虽出现回调，但月线K值一直在D值上方没有跌破，后来在周线金叉的配合下，出现了主升行情。

（2）月线KDJ、周线KDJ均出现死叉时，要迅速离场。

2019—2020年乐视退（300104）的周线如图 4-8所示。周KDJ指标两次在高位死叉，均提示了极佳的卖点。

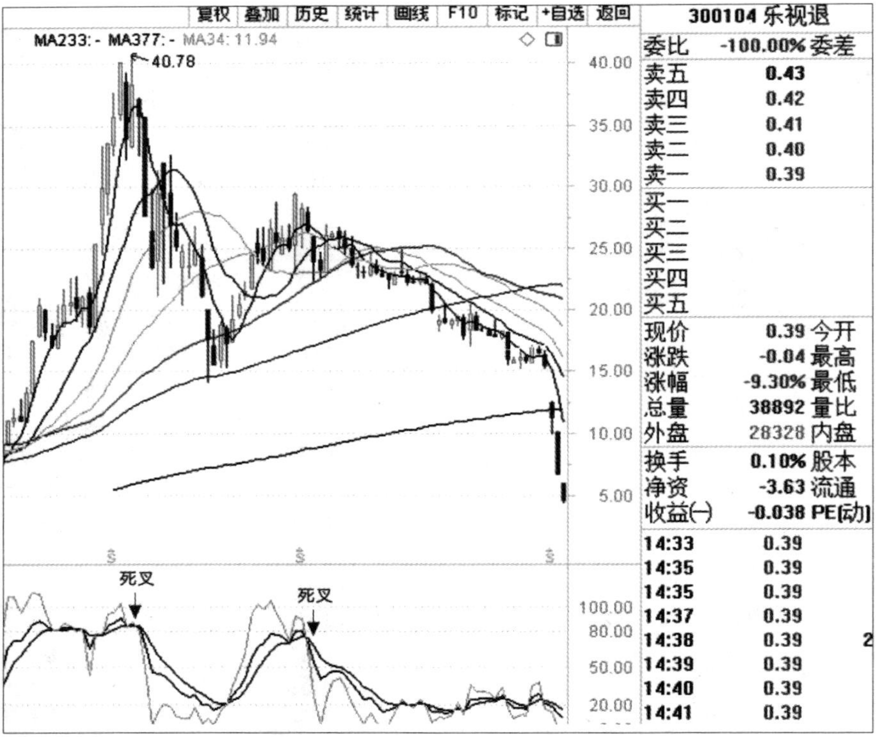


图4-8 2019—2020年乐视退的周线

乐视退（300104）的月线如图4-9所示。月KDJ指标一直提示着卖出。

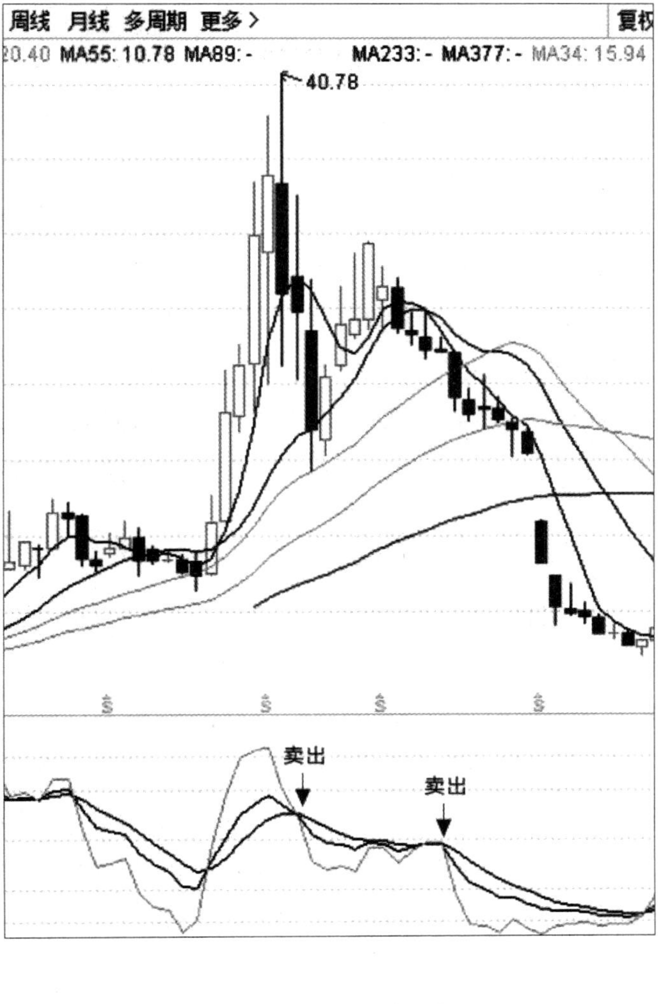


图4-9　乐视退的月线

（3）月线KDJ金叉，周线KDJ死叉时，原则上要依据周线短暂离场，逢低位再接回。因为月线周期相比较长，周线更适合短线和波段操作。

（4）月线KDJ死叉，周线KDJ金叉时，有反弹机会，可火中取栗，适量介入。

讲完了月线和周线，我们来看日线。平时大家用得最多的是日线KDJ，它比较敏感，变化快，随机性强，经常发生虚假的买卖信号，投资者根据其信号进行操作时经常“左右打脸”。但如果配合周线KDJ操作，就可以过滤掉错误的信息，收到比较好的效果。

刚开始配合使用时，要避免一个比较尴尬的现象，就是周线KDJ金叉时，日线KDJ已金叉几天了，股价也上升了一段，再买入成本已抬高。针对这种情况，投资者可打提前量买入，以求降低成本。

提前量买入法是：①仓位最多占1/3。②K线收周阳线，周线K、J两线勾头上行似金叉未金叉。③ 日线KDJ在一周内已经金叉，金叉当日的阳线需放量。注意：量也很关键。

判断一个人对技术指标的掌握程度，除了看其对日线、周线、月线的把控水平外，分时指标的掌握也是一个衡量标准。

KDJ指标的分时也同样分为5、15、30、60分钟等。我们这样来理解：一个交易日分4个60分钟，4个60分钟分为8个30分钟，8个30分钟分为16个15分钟——九九归一，万变不离其宗。5分钟和15分钟KDJ是最佳的参考下单时间，对做小波段的短线客来说，30分钟和60分钟KDJ则是重要的操作指导（在电脑上按F8可以切换各个周期）。

五分钟线KDJ指标的D值小于20，KDJ形成低位金叉，而此时60分钟线的J值在20以下向上金叉K、D值，同时日线KDJ也在低中位运行，且方向朝上，这是三者共振，可坚决买进。

如果30分钟KDJ在80以上向下掉头，K值下穿D值，并跌破80，而60分钟KDJ才刚刚超过20不到50，则说明行情会出现回档，30分钟KDJ探底后，可能继续向上。

如果30分钟KDJ在20以下盘整较长时间，60分钟KDJ也是如此，则一旦30分钟K值上穿D值并超越20，这就出现了共同金叉，将会引发2天以上的日线行情；若日线KDJ指标也在低位发生金叉，则可能是一轮中级行情。

如果30分钟和60分钟KDJ都在80以上，盘整后K值同时向下死叉D值，至少会有两天的下跌调整。

## 顶背离与底背离

KDJ背离是重要转折的前兆。它是指当价格创出新高，KDJ值却未创出新高，或者当价格创出新低，其对应的KDJ值却未能创出新低的情形。

一般来讲，股价在高位，KDJ也在80以上出现顶背离时，可以判断股价即将反转向下，投资者应及时卖出股票；但股价在低位，KDJ也在低位（20以下）出现底背离时，则需要反复几次才能确认。因为在强势市场中，超买超卖状态都可能存在相当长的一段时期，趋势逆转不一定马上发生。所以，使用背离要注意以下几点。

（1）与其他技术指标的背离研判一样，KDJ的背离中，顶背离的研判准确性要高于底背离，如图4-10所示。

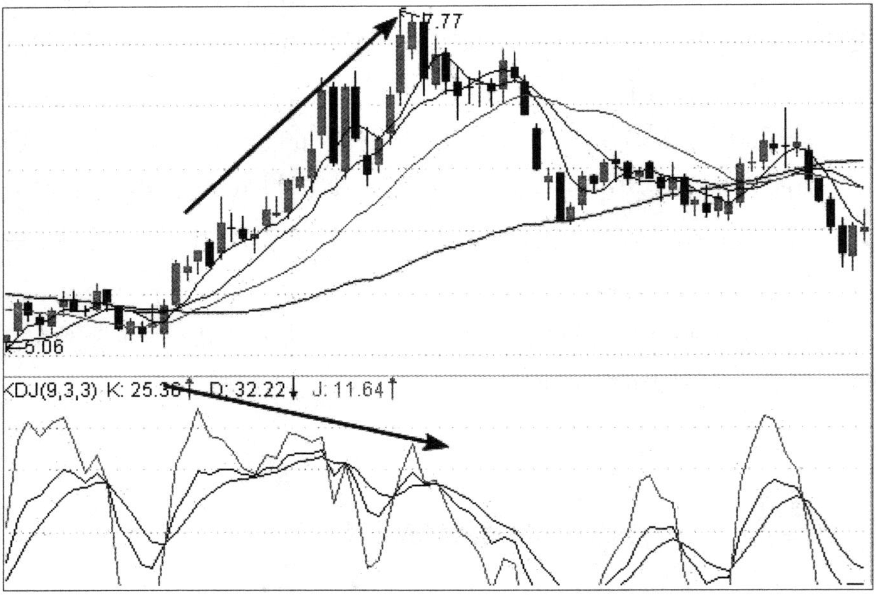


图4-10　KDJ指标的顶背离

（2）顶底背离的判断中，只用于K和D值，不采用J值，如图4-11所示。

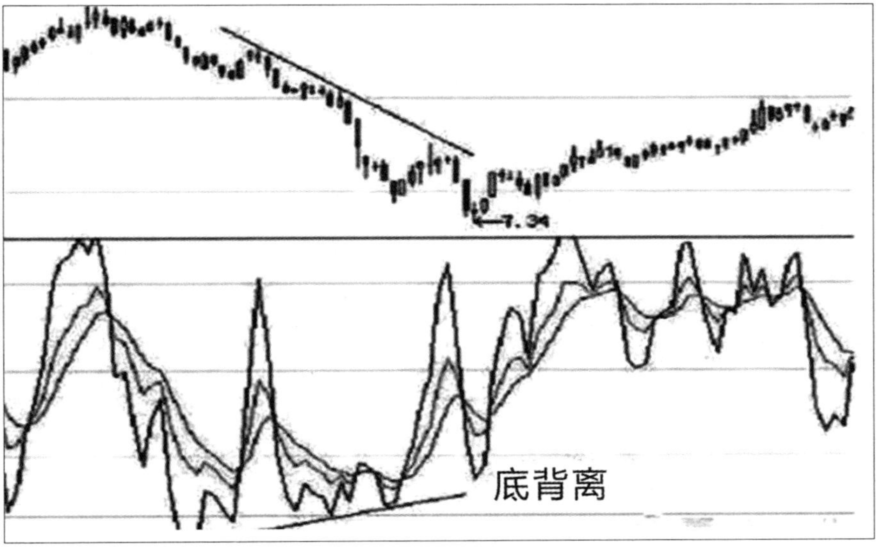


图4-11 KDJ指标的底背离

（3）如能与MACD指标搭配使用，效果更佳。

第五章

# 伪命题：股市是经济的晴雨表

第五章

# 伪命题：股市是经济的晴雨表

“股市是经济的晴雨表”一词源自西方何人之口，似乎已无法考证，但这些年来，一直被许多经济学人士和投资者奉为圭臬，尤其是在国内基金界，“言必称希腊”的海归精英们更是将此话当作金科玉律，并频频用作于证券投资。但是20多年的A股市场已经证明，此“格言”不仅有失严谨科学，更是给基金管理者和投资人带来了很大的损失。

逻辑学有一个原理，是说给事物下定义，不能用比喻的方式。而“股市是经济的晴雨表”这个比喻，则明显违背了该原理。上小学时我们都知道，比喻有三种方式：明喻、借喻和暗喻。如我们说“姑娘美得像朵花”，这就是明喻，因为有比喻词“像”；一个人瘦高，我们戏称他为“竹竿”，并经常用“竹竿”来称呼这个人，这就是借喻；而“资本家是吸血鬼”，这是暗喻，因为有了比喻词“是”。同理，股市是经济的晴雨表，也是暗喻的说法，而并非真的是个“表”，如果真把它当成了“表”，那就太机械呆板了，混淆了比喻和概念二者之间的关系，犯了机械主义的错误。

世界证券发展史表明，宏观经济固然是股市运行最重要的背景，但是影响股票的因素很多，如资金、政策、趋势、政治等，绝非是“晴雨表”一句话那么简单的，对比全球各个国家，成熟的欧美股市不是，发展中的中国股市同样也不是。如果把此话牢牢地死抱着不放，无疑是当代版的刻舟求剑。

2001—2005年，中国经济一直保持着两位数的高速增长，而我们的股市却“跌跌不休”，从2245点一路下滑到998点，这显然不是“晴雨表”折射的现象。2008年，国际金融危机爆发，作为次贷危机发源地的美国，股市仅下跌30%，而中国股市，却下跌72%，这是任何一个经济学理论都无法解释的现象。2009年那波小牛市，上证指数在不到一年的时间就从1664点上攻到了3478点，经济指标并没有出现同步提示。所以当时，许多资金眼睁睁看着股市飙涨，却不敢进场，因为担心经济数据差，觉得买入时机未到。而等到3478点行情结束的时候，有的基金经理发现一些经济指标如PMI、发电量等数据向好了，于是跑到顶部去建仓了。结果，这些“晴雨表”的拥趸们高高地站在了山岗上。概念搞错了，基础搞错了，前提错了，后续的高楼大厦都会坍塌的。

时钟指向2020年。由于疫情的重大冲击，欧美股市接连开启股灾模式，全球经济形势亦陷入悲观论调，这又使得许多资金对今年的股市行情望而生畏。在这种复杂艰难的情况下，我们是否需要一个稳定的金融市场来锁住外流的资本，来提升海内外投资者对中国经济的信心？那么，在金融战略高度日益提升下的股市，终究将会如何表现，它的定义与概念究竟会是什么？相信聪慧的中国投资者，会给出一个科学的答案。

第六章

# 王者至尊：MACD

第六章

# 王者至尊：MACD

如果把股场比作是战场的话，那么每个投资者就是一位战士，要在残酷的战场上冲锋陷阵、奋勇杀敌。在战斗中，优良的武器装备是必不可少的。在股市的武器库中，为士兵们准备了两样锐器：KDJ和MACD，其中KDJ可形象地称之为是矛，MACD可称之为盾，矛破敌，盾守护，二者缺一不可。我们前面已经介绍了矛，那接下来讲一下这个盾。

用一句话来概括这个盾：MACD适合被动防护而不是主动进攻，因为它的长处是精准地判断出下跌而不是上涨。

相对于黄金搭档KDJ的买卖信号太过频繁而言，MACD指标相对要简单且出错概率较小，特别是在判断长期趋势中，长周期K线的MACD指标准确率更高。原因在于，它是从双指数移动平均线发展而来的，偏重稳健性，设计原理是由快的指数移动平均线（EMA12）减去慢的指数移动平均线（EMA26）得到快线DIF，再用2×（快线DIF-DIF的9日加权移动均线DEA）得到MACD柱，然后根据MACD的正负来决定买卖。由于它在实际操作中的准确率高，故被投资者尊称为指标之王，如图

6-1所示。

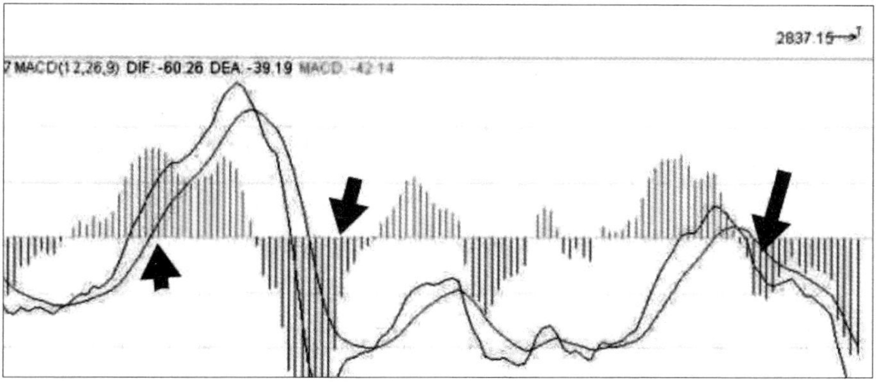


图6-1 MACD指标

图6-1的原理是：当MACD从负数转向正数，是买入信号。当MACD从正数转向负数，是卖出信号。

同所有的技术指标一样，该指标也具备了两个功能：一是发现机会去买进，二是保护到手的投资收益不受损失。但两条相比，第二条的功效要远超第一条。换句话说，它对看跌的灵敏把握与准确性，大于对看涨的判断，助跌大于助涨。

前文我们介绍KDJ指标时，是先从基础的公式开始，让投资者融会贯通后，再谈具体操作。那么这次阐述MACD，我们也同样从公式入手，只是这一次，我们不再抽丝剥茧，而是把问题留给读者：MACD的12日均线，为什么分母变成了13，这不是13日均线吗？而26日均线，为什么分母变成了27，岂不是27日均线吗？看公式。

MACD先计算移动平均线

$$EMA(12)=前一日EMA(12)\times\frac{11}{13}+今日收盘价\times\frac{2}{13}$$

$$EMA(26)=前一日EMA(26)\times\frac{25}{27}+今日收盘价\times\frac{2}{27}$$

大家可以看到，12日的平均线分母怎么变成了13日，26日变成了27日？接下来看。

计算出这两个平均线后，再计算离差值（DIF）

DIF=今日EMA（12）−今日EMA（26）

最后计算DIF的9日EMA

根据离差值计算其9日的EMA，即离差平均值，就是MACD值。为了不与指标原名相混淆，此值又名DEA或DEM。

$$今日DEA（MACD）=前一日DEA\times\frac{8}{10}+今日DIF\times\frac{2}{10}$$

用（DIF−DEA）×2即为MACD柱状图。

大家看到了，这个9日EMA又变成了10日EMA，因为分母又变成了10。

对均线有些常识的投资者都明白，5日线就是5日的收盘价相加除以5，10日线就是10日的收盘价相加除以10，可这个MACD为什么12日的平均线去除13，26日的平均线去除27？这到底是13日均线还是27日均线？

大家可以这样去理解：11/13，2/13（12日EMA）和25/27，2/27（26日EMA）就是两组权重，每组的权重为1，如11/13+2/13=1，25/27+2/27=1。其中分母13和27为EMA的周期数加1，目的是给当日收盘价更多的权重，毕竟，近期的价格对趋势的影响要大于早期的价格，如26日EMA的计算中就赋予今日收盘2/27，而之前的所有收盘价只占了25/27。这样计算出来的EMA就能反映出当下的价格波动，对市场把握更及时、更准确。

读者中有许多数学高手乃至天才，大家可以自己去揣摩，拂尘见金，应该能悟出更深层次的东西来。

## MACD的基本法则

（1）当DIF和DEA处于0轴以上时，二者均为正值，此时大势属多头市场。如果DIF向上突破 DEA，为金叉信号，可大胆买入做多。死叉属于回调，可以逢低回补。

（2）当DIF和DEA处于0轴以下时，二者均为负值，提示大势属空头市场。如果DIF向下跌破DEA，为死叉信号，可作卖出。如果金叉，宜减仓，不宜立刻看多做多。

（3）MACD 绿转红：提示MACD 值由负值变正值，市场由空头转为多头。

（4）MACD 红转绿：提示MACD 值由正值变负值，市场由多头转为空头。

（5）柱状线收缩和放大，表示趋势延续。

（6）MACD助涨作用大于助跌作用，简单地说，MACD金叉不一定要买，但是死叉一定要卖，即使卖错也要卖。

（7）MACD助涨作用大于助跌作用，简单地说，MACD金叉不一定要买，但是死叉一定要卖，即使卖错也要卖。

（8）MACD助涨作用大于助跌作用，简单地说，MACD金叉不一定要买，但是死叉一定要卖，即使卖错也要卖。

（9）重要的事情说三遍：我们以上（6）~（8）这三条重复了三遍，目的是使读者一定掌握这个指标的核心功能。

（10）在各券商的交易软件里，快速参数多取12日，慢速参数多取26日，这是因为A股在早期是每周6个交易日，每月平均共计26个交易日得来的，投资者可改为10和22，但基本误差不大。

本书重点阐述第（6）~（8）三条，以突出"盾"的作用，这是让大家保住波段盈利成果，避免挨套的诀窍。

来看2020年春节前的走势。

2020年的春节前夕，持股还是持币这一老生常谈的问题再次困扰投资者。在新冠肺炎疫情尚未造成国民恐慌之前，MACD指标却在1月16日的3217点附近死叉，发出了节前撤退的信号，按照此信号出局的投资者，都躲过了春节后几百点的大跌，如图6-2所示。

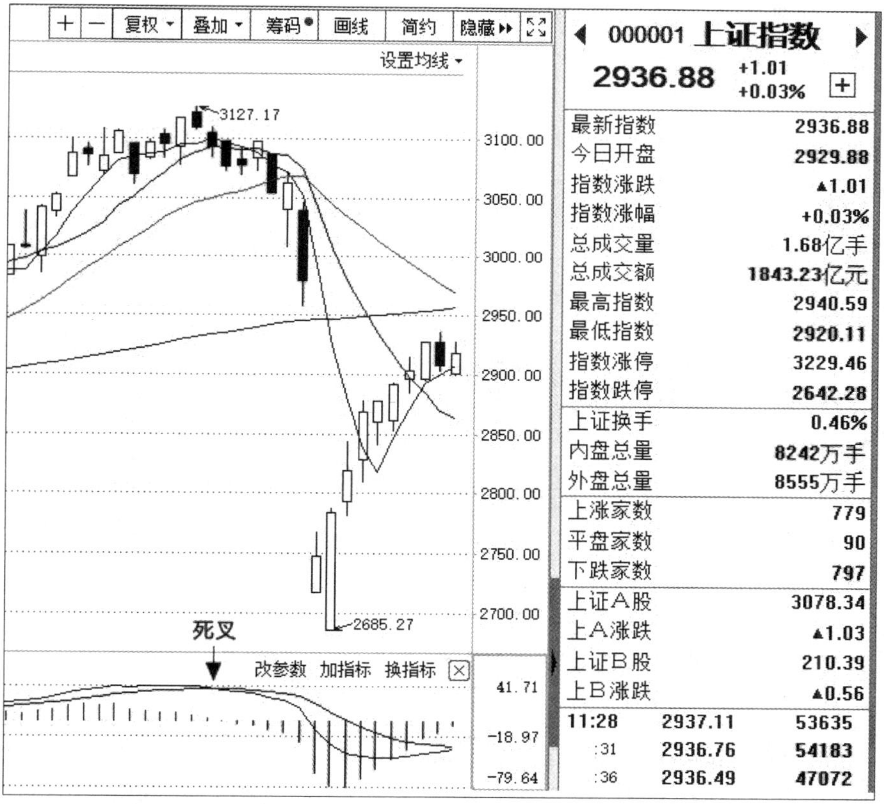


图6-2　2020年2月上证指数日线

而如果不参考这两个指标，去依据形态理论判断市场，则大错特错，如图6-3所示。

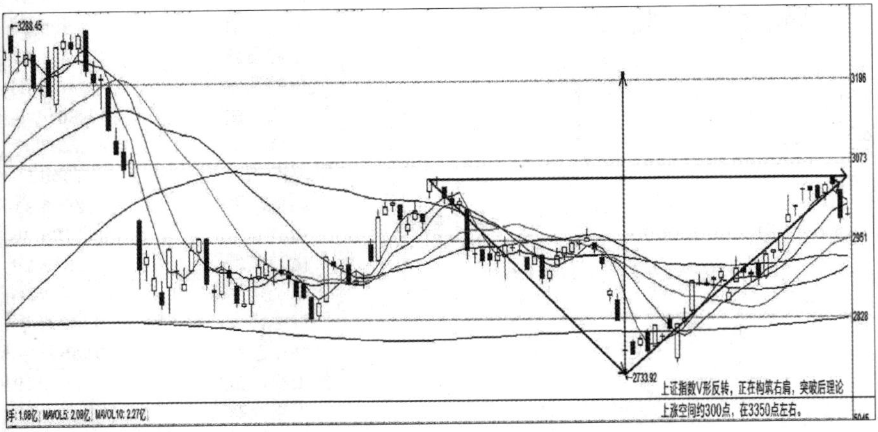


图6-3　2019年6月至2020年1月上证指数头肩底形态

形态理论认为，按照头肩底的量度升幅，应该涨到3350点。如果按照这样乐观地预测去操作的话，那么许多投资者将会在2020年1月14日的3127点站岗荡秋千，大半年恐怕都难以解套。这也是我在书中刚开始时提到的观点：形态理论参考意义最弱。

2019年国庆节前走势如图6-4所示。

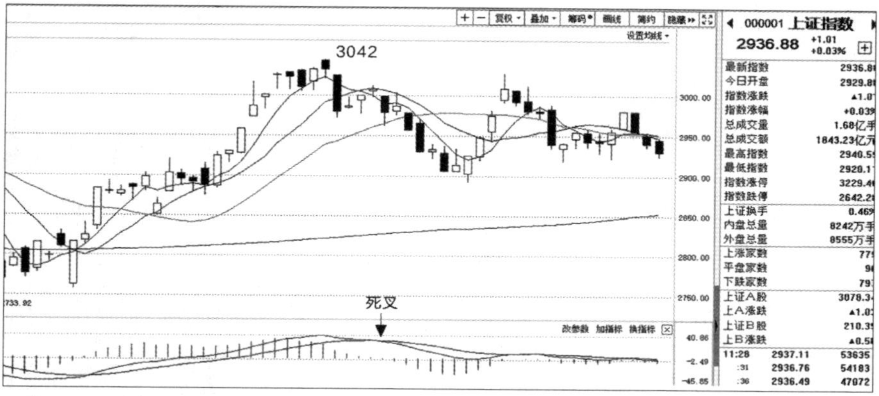


图6-4 2019年10月上证指数日线

2019年国庆前，大盘从4月的3288点一直下跌到7月的2733点才企稳，后缓慢爬升，9月中旬摸高3042点，许多投资者都在期盼70周年大庆会出利好，股市有望上涨，于是纷纷加仓或持股待涨，市场主力却反其道为之，借机打压，市场反而一路下跌。此间MACD死叉早早给出了客观的提示。

2020年2月江苏吴中（600200）的日线走势如图6-5所示。

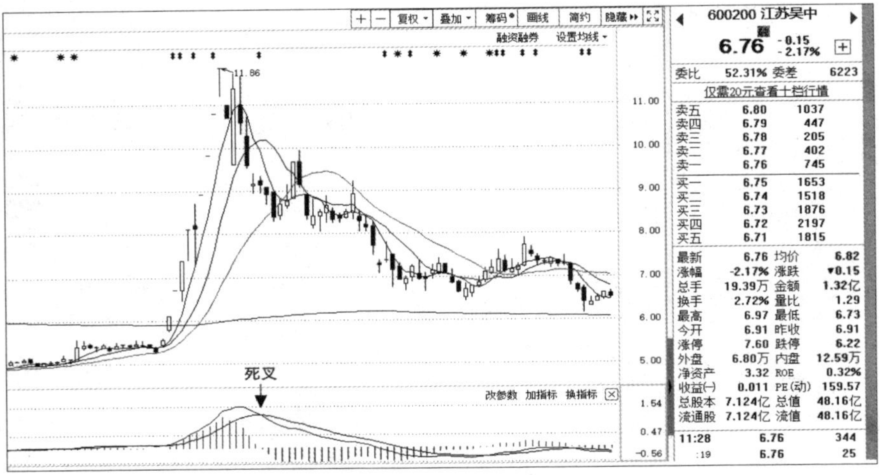


图6-5　2020年2月江苏吴中（600200）日线

2020年2月，江苏吴中（600200）在预盈概念、回购概念、疫苗概念等多重题材刺激下展开一波凌厉攻势，股价短短9个交易日就实现了翻倍，令人羡慕不已。后来回落整理，2月25日再次出现涨停，大有卷土重来、再掀一波升势的可能，但是死叉的MACD却给了投资者明确的提示：反弹而已，下跌趋势没有扭转。后来该股果真一路盘跌向下。

2009年上证指数日线3478点的走势如图6-6所示。

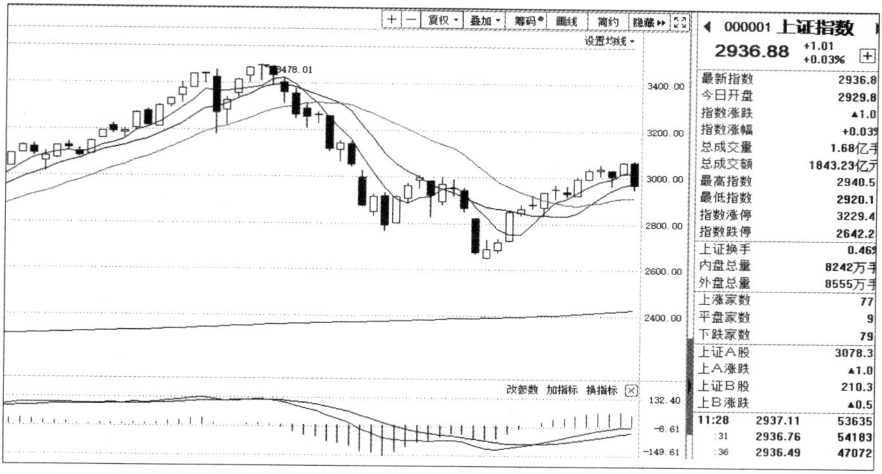


图6-6　2009年6月上证指数日线

3478点前文已有讲解，本节不再赘述，大家揣摩MACD死叉的威力即可。

另外读者可以自己再复盘5178点时的MACD指示。

需要说明的是，大部分个股是跟随大势的，大盘下跌，大多数个股难以独善其身的。

## MACD的实战原则

（1）DIF由下向上突破DEA，为买入信号；DIF由上向下突破DEA，为卖出信号，这是基本原理。但在实际操作中，若DIF由下向上与DEA产生交叉，并不代表是一种买入信号，反而却是一个短期高点，不宜马上跟进，不论大盘还是个股，妖股除外。

一般应在交叉信号产生后的第二天或第三天，出现一个回调低点时再行买入。2020年上半年顺鑫农业（000860）的日线如图6-7所示。

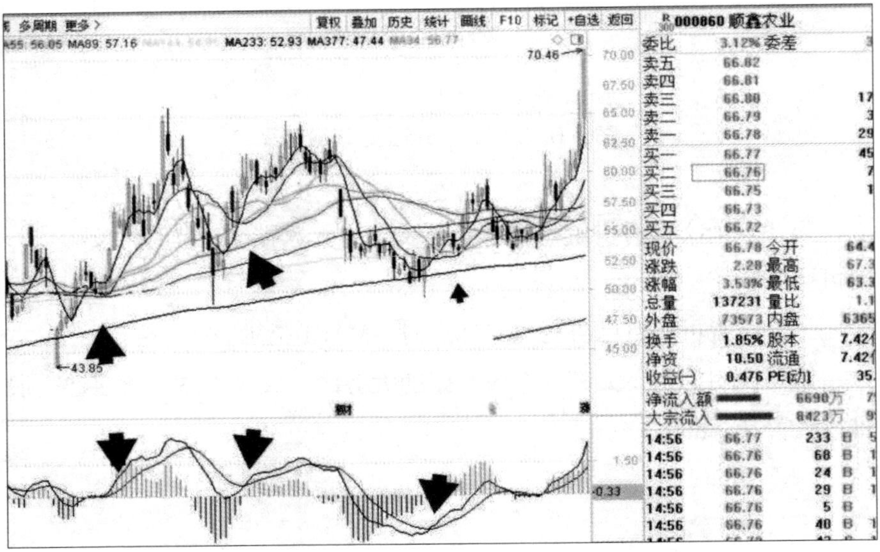


图6-7　2020年上半年顺鑫农业（000860）日线

从图6-7可以明显看出（图中箭头处），DIF每次由下向上突破DEA，都不是最佳买点，如果第二天买入，立刻被套。此时应等待两天，回调再买更佳。

2019—2020年的大牛股益生股份（002458）日线如图6-8所示。

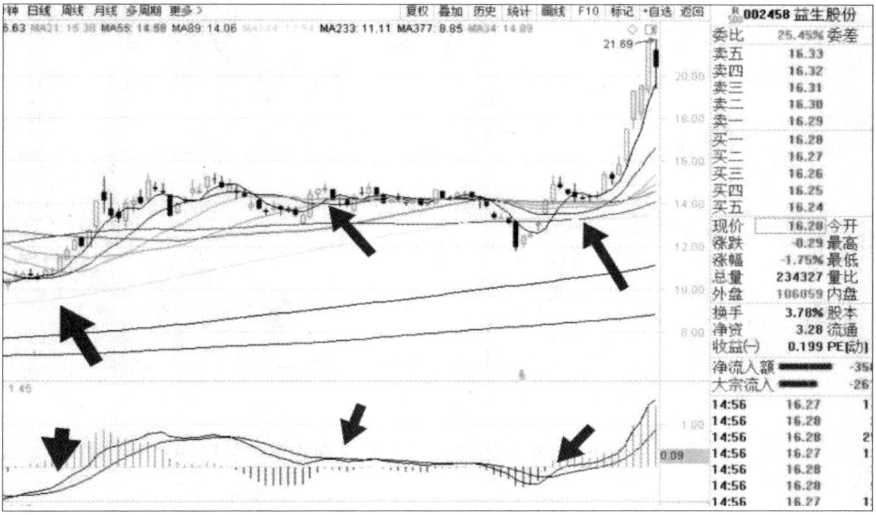


图6-8　2019—2020年的大牛股益生股份（002458）

图中MACD的几次金叉，都不是最好的买点，因为买入反而要被套几天。因此，从降低交易成本的角度，应该延时几日买入。

（2）买小卖小，缩头缩脚。一个技术派高手总结的顺口溜，很形象地描述了如何运用MACD去捕捉买卖点，简易可学。

这里说的“大”和“小”是指MACD中的大绿柱、小绿柱和大红柱、小红柱，操作中只注重红绿柱的变化，0轴之上即为红柱，0轴之下为绿柱，而对DIF和MACD两条曲线不做太多的关注。

2019年大牛股九鼎新材（002201）的日线如图6-9所示。

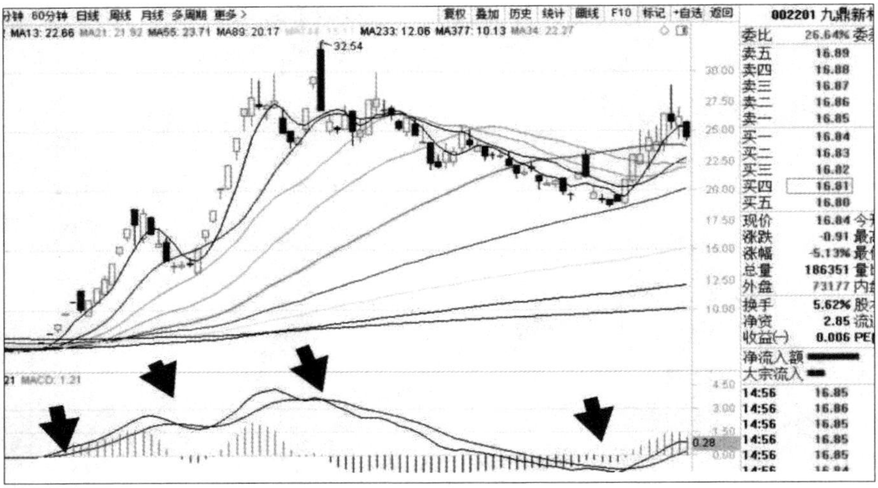

图6-9　2019年大牛股九鼎新材（002201）日线

图6-9是买小卖小的经典案例，图中的左侧第一个箭头处，MACD红柱刚开始出现，“小”的红色是非常好的买点，之后股价开始上扬；第二个箭头处，红柱开始缩短，同时K线也出现大阴线时，这个缩“小”的红柱则发出卖出信号；第三个箭头处，也是红柱再次变小，提示要卖“小”了，股价随即下跌；第四个箭头处，则是绿柱变小，转为红“小”替代，要继续买“小”了。聪明的读者也能看出，如果配合金叉死叉的提示则效果更佳。

（3）当DIF、DEA指标处于0轴以下的时候，如果短期内连续发生两次金叉，则形成金银谷的形态，是买入的机会，有时甚至会捕捉到黑马。这时的操作不必机械固守0轴以下只能减仓，不能回补的原则。

这是因为第一次金叉之后，空头虽然反扑造成了又一次死叉，但是多方又组织了第二次进攻，多头胜利。

如果能配合KDJ及K线的攻击形态，则更有把握，如有量能配合更佳。

2019年弘信电子（300657）的日线如图6-10所示。MACD在0轴下方两次金叉，然后震荡向上，盘整后突然大幅拉高向上。

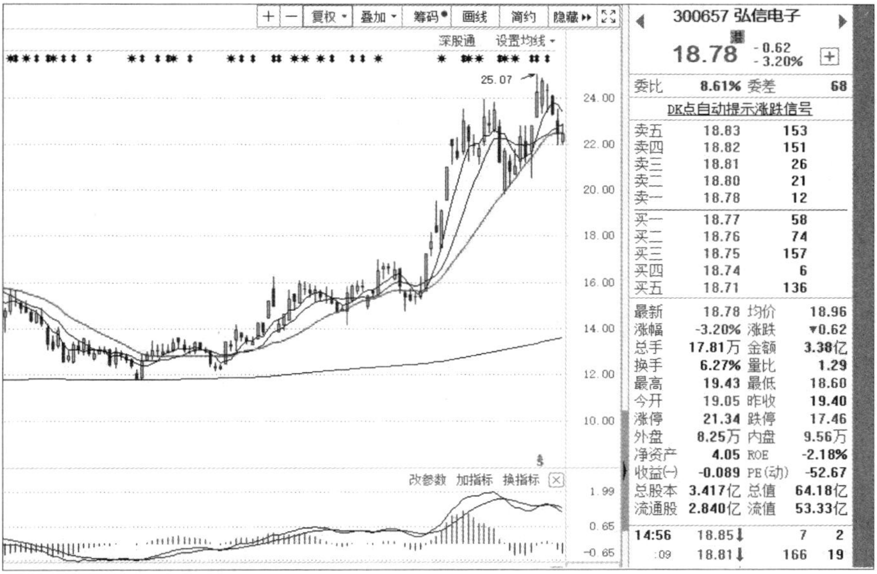


图6-10 2019年弘信电子（300657）日线

（4）盾有时候变成了“钝”。股价一两天内涨跌幅度特别大时，MACD来不及反应，因为它的设计原理就是偏中长期性质，有一定的时间差。所以一旦行情迅速大幅涨跌，MACD不会立即产生信号，无法起到参考作用，只能望洋兴叹。

（5）背离。MACD也有顶背离和底背离，和KDJ非常类似。

2019年4月上证指数的顶背离出现的下跌如图6-11所示。

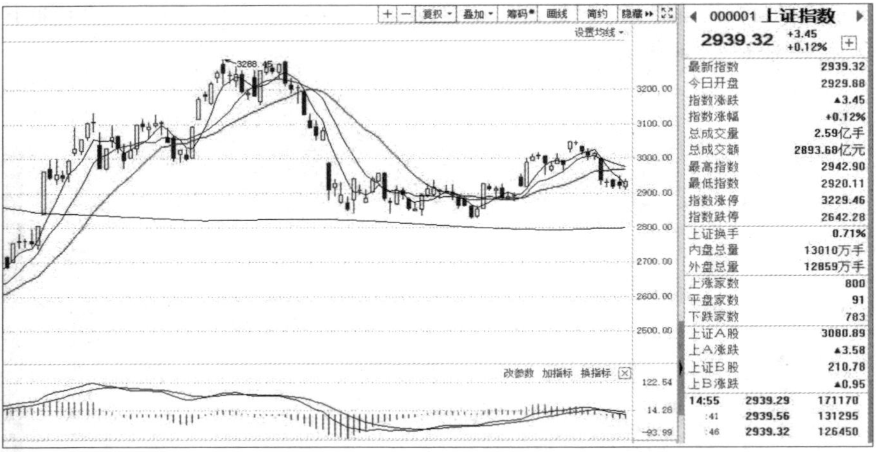


图6-11　2019年4月上证指数

这是2019年4月的沪市走势，从中可以看到，沪指在创下全年的高点3288点时，MACD却没有同步跟随创出新高，反而比前期的高点还低了，这就是顶背离。该现象提醒投资者应该进行减仓或者清仓操作。

第七章

# 复盘：磨砺你手中的剑

第七章

# 复盘：磨砺你手中的剑

面对波诡云谲、迷雾重重的股市，每个投资者都想避开沼泽与藤蔓，找到那条铺满鲜花的芳径，而复盘，则给了你一双慧眼。

复盘就是股市收盘后再完整地浏览一遍全天交易的过程。许多人开盘时高度紧张，关注交易，无暇顾及自己股票之外的其他个股及板块，只能在收盘后，静下心来，全面回顾一下全天的战况。通过复盘，能梳理出一天的交易脉络、板块涨跌情况、资金流向、政策导向等——查找出每天操作的失误，总结、反思、改进、提高，然后头脑清醒地制订第二天的交易策略，迎接下一场战斗。

不管对于专业投资者还是一般的业余散户，复盘都是一项很重要的工作，许多短线客、涨停板敢死队、打板高手，都是复盘的拥趸者和获益者。高效的复盘对股票的操作及胜败都起着非常关键的作用。

那么，如何进行有效的复盘呢？

## 大势及指数复盘

轻大盘重个股，是一些人挂在嘴边的话，然而实际操作起来却绝非这么简单。A股几十年的经验表明，绝大多数个股是跟随大盘走的，大盘跌跟着跌，大盘涨跟着涨，因此，对大势的前瞻性预测与把握至关重要，大资金为甚。不谋万世者，不足谋一时；不谋全局者，不足谋一域。

因此，收盘后第一时间内，就要先分析大盘的走势。

首先看上证指数。它不仅反映了上海证券交易所的一天全貌，还牵涉了股指期货和新加坡富时50指数的大部分成分权重走势，因此需要作为重点进行研判。看完之后，再看深成指，以及中小板和创业板这几大指数。创业板指数近几年异常活跃，远远超过了深成指，更具参考作用。

分析这些指数时，先从K线入手。

看它们当天收出的K线是阴线还是阳线？如果是阴线或阳线，那实体大小如何，有上下影线吗？如果是十字星，那是否意味着变盘？不仅看当天，还要把近几日的K线组合起来一起看，看这个组合是否具备经典的指示意义。

其次看均线。目前的均线是呈支撑还是呈反压的状态，30日线和60日线在什么位置，年线和半年线在哪里？

再观察技术指标。是超买还是超卖，是牛皮盘整，还是金叉、死叉？更重要的是浪形的划分，要搞清楚目前运行的浪形与级别，是推动浪还是调整浪？

只有对大势分析对了，了解清楚了，才能胸有成竹。建仓、减仓、清仓，都要事先计划好，盘中临时起意，势必措手不及。大资金在2015年牛市中的步步为营，以及2019年1月以后的逐渐介入，都是建立在对指数的分析研判基础上进行的。

再次，在对以上指数进行复盘后，接下来要分析成交量。当日的量是增加还是减少，是存量资金在博弈，还是有增量资金进场，抑或是资金出逃？最好能逐日把两市的成交量列成表格，进行统计观察。另外，还要把一个新生事物也纳入成交量的考察范围中——那就是北向资金。该资金尽管地处境外，但是由于对政策的敏感把握度强，风向标的参考意义很浓。如2019年下半年，就是由于它们的持续流入，指数才从2733点见底出现了缓慢攀升，而2020年春节前的下跌，又是它们夺路而逃动摇了军心。因此，对这个北向资金要日益重视起来。

最后，再看当天股票涨跌的数量情况，分析一下大盘的上涨或下跌是否正常，有没有权重股拉抬、打压等操纵迹象，如果有这类情况出现，那就要高度警惕了。如1996年12月16日至18日，A股在正式实行涨跌停板制度的利空打压下后，连续几天出现了百股跌停，巨幅下挫的现象。但在暴跌之前，还是有一些先知先觉的资金提前出逃了。它们在逃跑时，刻意拉抬当时的指标股深发展、四川长虹等来做掩护，迷惑了不少投资者。这种类似的障眼法后来在2007年的6124点和2009年的3478点都故伎重演过，许多中小散户都蒙在鼓里，浑然不觉。

有的投资者还从市场情绪、赚钱比例和人气效应、投资者的心理等方面对大盘进行分析，也能取得不错的效果。

## 板块复盘

大盘可以细分为多个板块，如行业板块或者概念板块等。各板块在行情中的表现不尽相同，很多时候涨跌并不一致，而目前的A股日趋成熟，板块包括个股和大盘不同步的现象越来越明显了，因此在没有系统性上涨的趋势下，存量资金往往靠局部的热点来激发人气，频繁炒作热点题材，打一枪换一个地方，积小胜为大胜。投资者若能察觉这一点，顺势而为，跟上节拍，也会取得相当惊人的收益。像2019年的非洲猪瘟刺激下的猪肉板块，2020年年初疫情带来口罩股、医药股的一骑绝尘，以及特高压、农业股的交替逞强，都是热门板块带来的暴利机会。有的投资者跟上了节奏，仅在2020年年初的三个月内，就取得了200%甚至更高的收益。

图7-1是2019年的猪肉板块（概念指数）日线走势，该指数从年初的800点，最高上涨到4月的1849点，后来尽管回落到1300点附近，但也有60%多的收益，远远跑赢当年上证指数23%的涨幅。

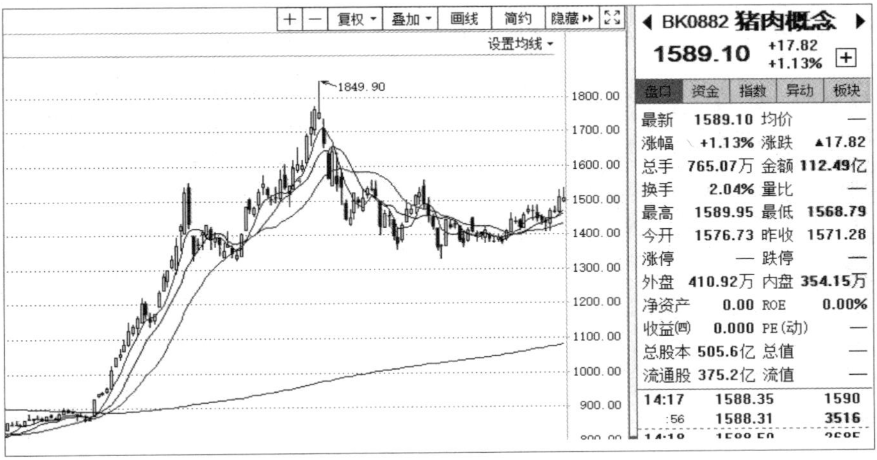


图7-1　2019年猪肉板块（概念指数）日线

图7-2是2020年2月4日至3月9日，短短一个月时间里口罩概念股的表现，整体板块涨幅为40%，但其中有些个股的涨幅都在200%以上。

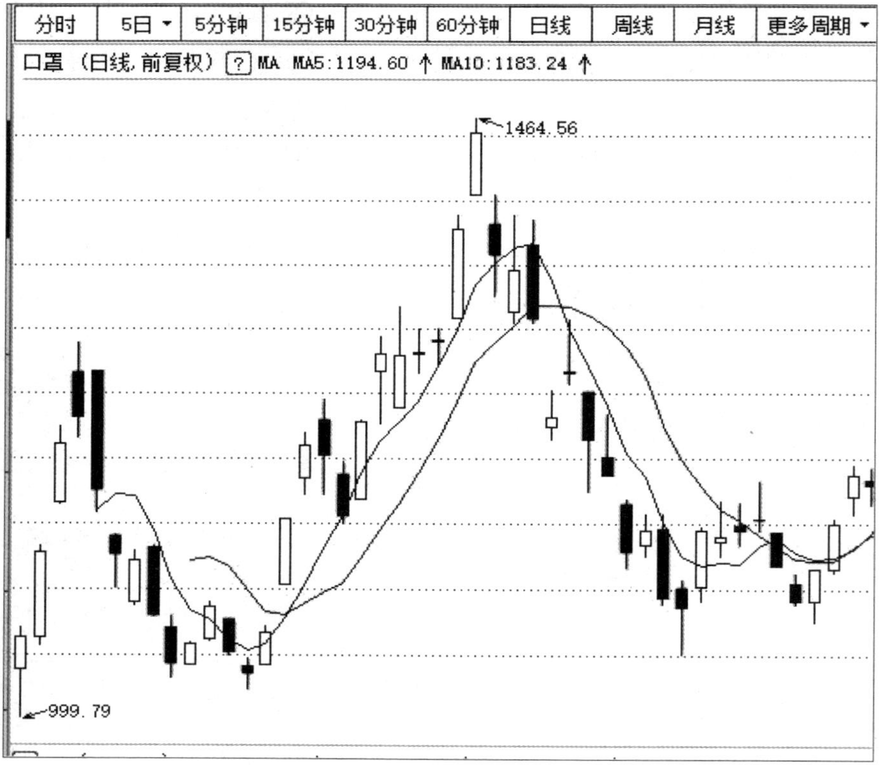


图7-2　2020年2月口罩概念股日线

另外国产芯片概念股也表现亮眼，在华为事件影响下，国产芯片在2019—2020年强势突围的走势如图7-3所示。

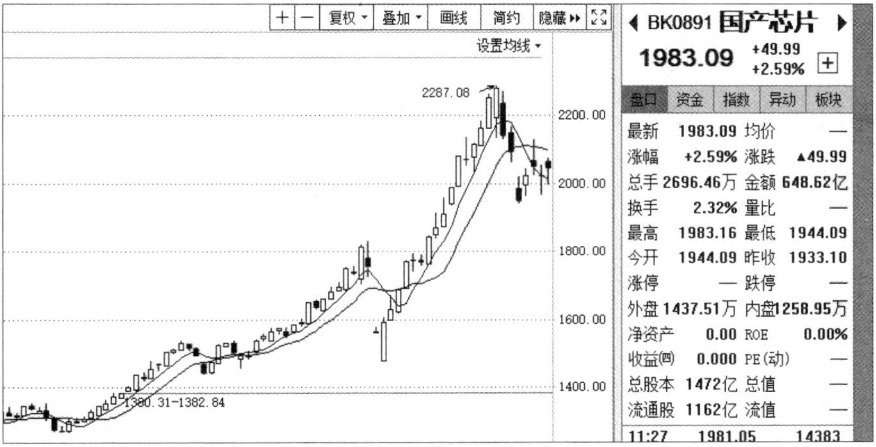


图7-3　2019年~2020年国产芯片日线

## 个股复盘

一些时间充裕的专业投资者，每天会把沪深两市的3000多只股票全部快速浏览一遍，然后从中选出技术形态完美的个股，再结合基本面，最终确定第二天要狙击的目标。但对大多数投资者来讲，这种方式太耗时费力了，难以效仿。比较高效的方法是：先把当日的热门板块排序，然后再从这些热门板块里筛选出其中的龙头个股，去追涨，可起到事半功倍的效果。这些强势股，大都会出现在每日的涨幅榜前例，投资者直接从涨幅榜看起即可。

（1）涨停个股复盘。所有涨停的股票，包括连续涨停和当日涨停的，都要逐一分析它涨停的原因：是事件驱动导致，还是业绩大增刺激，抑或是高送配激发了市场想象空间？一定要弄清楚。有的涨停个股由于题材丰富强劲，一旦开启涨停，强者恒强，会连续上涨的，这就需要投资者做足功课，慧眼识珠，并有胆识和勇气大胆跟进。像2019年年初的东方通信，属于5G概念龙头，涨势凌厉，几个月就实现了10多倍的涨幅；2020年的口罩股题材股泰达股份、道恩股份、天华超净等，也都是连续十几个涨停——这些飙升的大牛股，上涨期间每隔几天就会出现在涨幅榜前列，投资者如果在复盘时能敏锐地判断出它们是龙头并及时跟上车的话，会获得暴利的机会。2019年东方通信（600776）日线如图7–4所示。

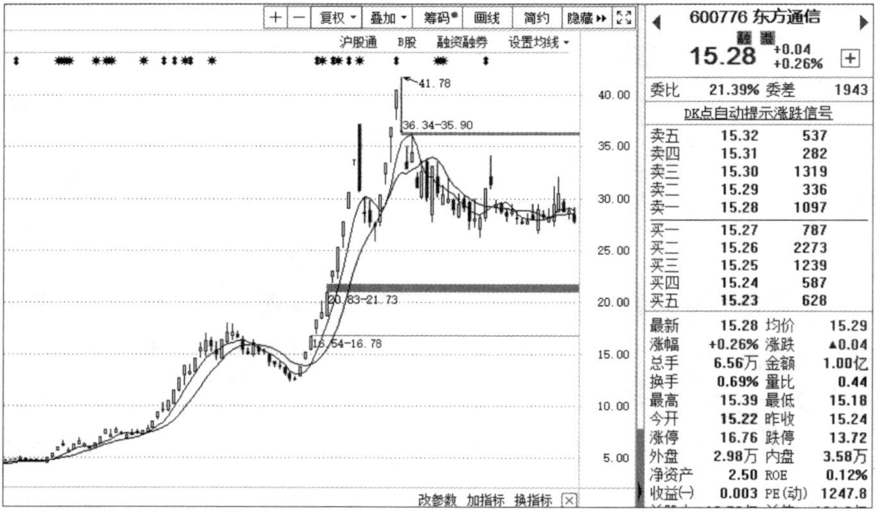


图7–4 2019年东方通信（600776）日线

（2）跌停个股复盘。很多跌停的股票，也要花一定时间去分析，从中查找出蛛丝马迹，挖掘到低吸介入的机会。有些投资者习惯于紧盯涨幅榜，而忽视了跌幅榜，岂不知，跌停板里也有黄金。有些跌停的股票，未必是公司基本面出了问题，而是上升途中的打压洗盘，旨在吓出一部分跟风的资金，从而轻装上阵。上面提到的道恩股份，从12元涨至24元时，有一交易日出现了跌停的现象，众人都以为行情就此结束了。不料，该股短暂调整几天后，重新开启连续涨停之旅，从18元又一路飙升至62元，令中途下车的投资者后悔不迭。2020年2月道恩股份（002838）的日线如图7-5所示，图中箭头所指是2月14日跌停的那一天。

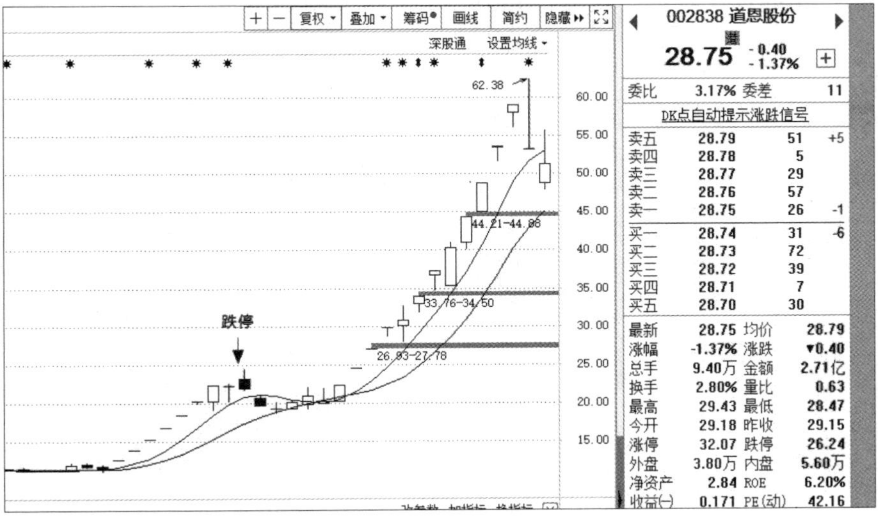


图7-5　2020年2月道恩股份（002838）日线

（3）量比排名和振幅排名复盘。此类个股虽然没有涨停或者跌停，似乎显得默默无闻，但也暗藏着玄机。优秀的复盘高手，盘后一定会统计振幅排名前十名的股票，换手率排名前十名的股票，量比排名前十名的股票。这类数据蹊跷的个股，有些是主力试盘时留下的上蹿下跳、大幅波动的痕迹，有些是主力缺少缓慢建仓的时间和耐心，猴急入驻从而导致了换手剧增的迹象。聪明的猎手从细微处就可看出端倪，并适时准备下注。像聚飞光电（300303）2019年12月1日和11日大幅换手形成的拉高吸货，晶方科技（603305）12月13日高达48%的周换手率，都可观察出新资金的强力入驻。而这两只建仓完毕的个股随后都出现了较大的涨幅，尤其是晶方科技，携华为、5G、半导体、芯片等诸多概念为一身，短短4个月时间就取得了6倍的巨大涨幅，令人惊叹不已。2019年12月聚飞光电（300303）日线如图7–6所示。

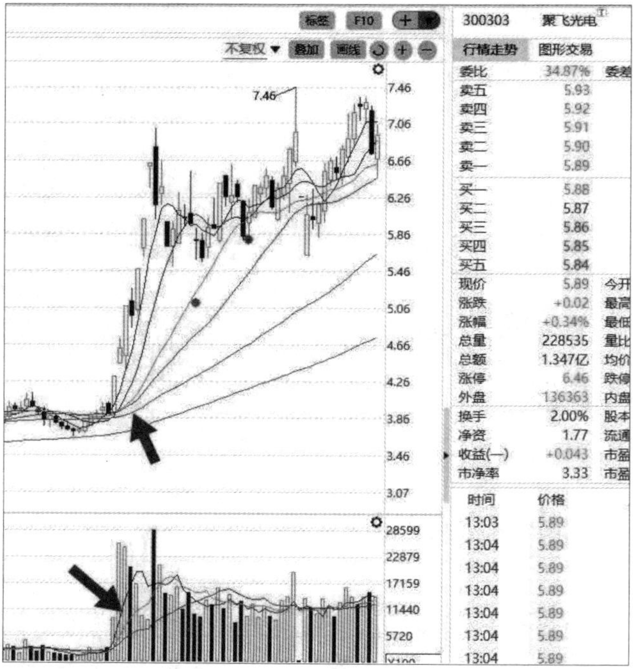


图7–6　2019年12月聚飞光电（300303）日线

2019年12月至2020年1月晶方科技（603005）周线如图7-7所示。

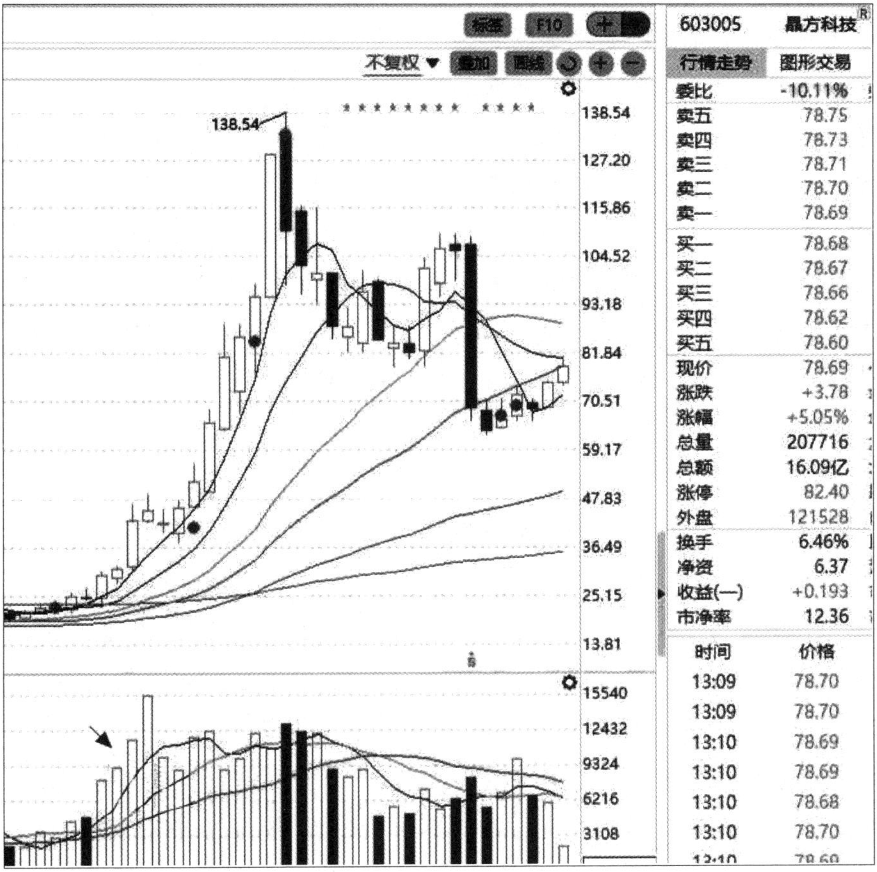


图7-7　2019年12月至2020年1月晶方科技（603005）周线

（4）龙虎榜复盘。以上（1）、（2）、（3）列举的要复盘的个股，许多会出现在交易所收盘后公布的“交易信息”中，也就是龙虎榜里，更容易去分析捕捉。“龙虎”榜的名字很形象贴切，确实会把一些“藏龙卧虎”的交易席位公示出来，使投资者可以从中看到买卖资金的性质和成交金额等，大致能推理出主力拉升、打压和护盘的情况，很有参考价值。有些投资者为图省事，干脆就把它作为重要的买卖依据，只要看到榜单上有知名的营业部参与，第二天马上跟进，以期待分一杯羹。像市场上著名的光大证券杭州庆春路营业部（后转战中信证券溧阳路证券营业部），银河证券绍兴营业部，华泰证券厦门厦禾路营业部，以及异军突起的东方财富拉萨营业部等，都是许多股民跟风的对象。但是需要区分的是，如果龙虎榜的买入席位大多是机构，那基本是偏重中长线的，如果是营业部席位，那就是短线做派，投资者可根据它们的实力情况与历次介入股票后的表现来判断是否值得参与。

## 查看当日的上市公司公告

上市公司的公告非常重要。基金经理和价值投资者会阅读所持公司的每一则公告，一旦发现有风吹草动，便马上会考虑如何处理手中的头寸，而短线投资者则力求从中捕捉到稍纵即逝的机会。

一些业绩大幅提升或资产重组类的公告、配股分红类的公告、计提损益、重大事件澄清类的公告等，都是短线资金挖掘的黄金炒作题材。它们利用这些公告信息，轻则博取一两个涨停板的差价，重则可获取翻倍的丰厚收益。

2016年的大牛股四川双马（000935），就是有资金仔细研读了其被法拉基收购的公告后，认为该预案和其中的“盈利补偿”有借题发挥炒作的空间，于是便大举介入，在短短的时间内发动了一波酣畅淋漓的攻势，把股价从6元多一直炒高到41元，使四川双马成为当年市场上名副其实的黑“马”。2016年四川双马日线如图7-8所示。

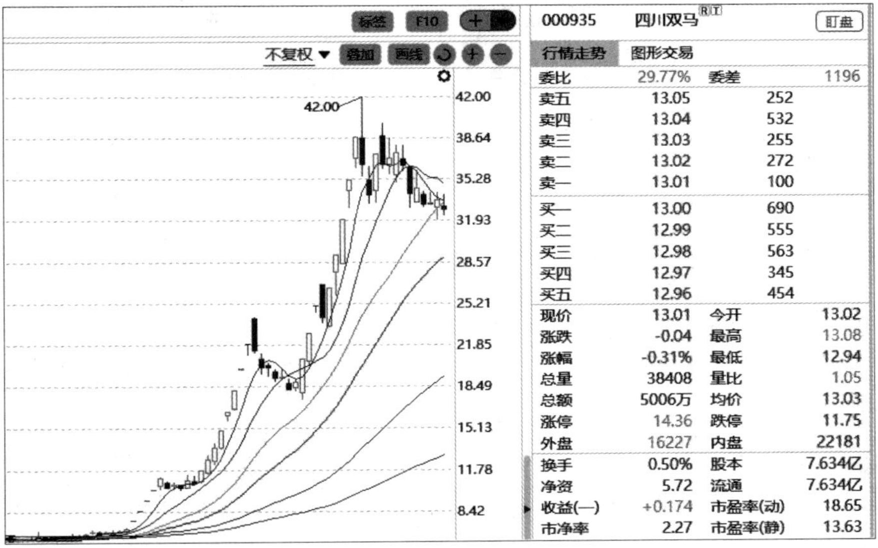


图7-8 2016年四川双马（000935）日线

2020年4月7日，省广集团（002400）公告：正式与字节跳动ByteDance签署出海合作协议，成为TikTok Ads出海核心代理，获得TikTok（抖音国际版）等多款海外流量产品在五大洲150多个国家和地区的海外代理权。

市场资金分析到，当下炙手可热的今日头条和抖音都是字节跳动的旗下产品，该公司与其签署协议，一举成为国内互联网三巨头之一的流量产品海外代理，想象空间巨大。于是资金蜂拥而入，省广集团短时间收获了9个涨停板，如图7-9所示。

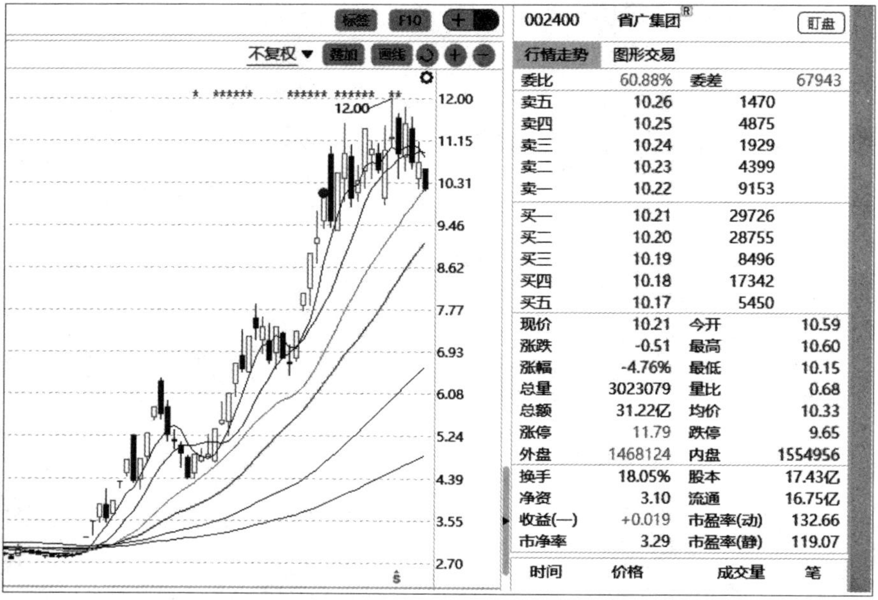


图7-9　2020年4月省广集团（002400）日线

## 官方媒介和财经媒体

这些媒体非常重要，每天必须经常听看。如证监会网站、《人民日报》、新华社、CCTV、发改委等网站，以及中金、新浪、东方财富等网站。市场的活跃资金总能率先解读领悟官媒发布的信息，并借题发挥，发动行情。

2013年8月，国务院正式批准设立中国（上海）自由贸易试验区。当时低迷许久的市场突迎如此重大的消息，非常兴奋，都在猜测讨论是否会引发相关个股的热炒，媒体自然也加入其中。当天晚上，第一财经电视的主持人马元，问参加股评的几个人：“你们怎么看这则消息？”几个人摇头答道：“不看好，概念炒作，没价值。”马元笑道：“你们不看好，我可看好啊。”

消息出台后的几天内，相关概念板块中的上海物贸、华贸物流、张江高科、界龙实业、百联股份、兰生股份等联袂展开上攻，在一个月左右的时间里大都实现了2~4倍的巨大涨幅。而在上涨过程中，这些股票都出现几个交易日的盘整时间，给了投资者充分的上车机会，因此被有些幸运搭上车的投资者称为“仁”庄、“义”庄。该概念板块最后压轴登场的是外高桥，它用16个涨停板、高达5倍多的骇人涨幅，给自贸区的题材炒作划上了圆满的句号，如图7-10所示。

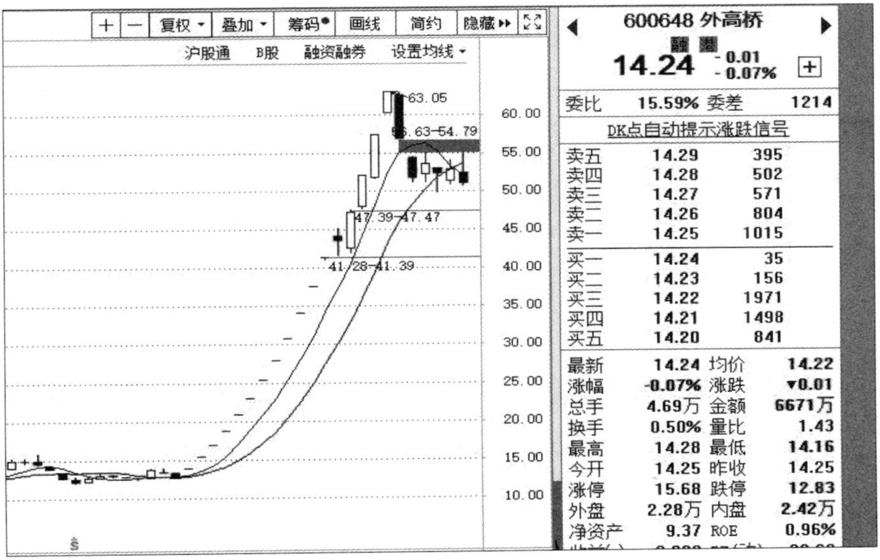


图7-10 2013年9月外高桥（60648）日线

不仅是这次自贸区，2017年的雄安新区也如出一辙，雄安板块整体暴涨。

2018年1月，有媒体报道，上证所信息公司将于1月27日9点~12点进行股价超千元测试。得知这个消息，很多老股民都在揣摩，2015年沪市单日成交额破万亿元的时候，就是因为没有做提前测试和准备，很多交易软件爆表了。而测试后，交易所的万亿元成交规模在一段时间成了常态。那么，这次千元测试意味着什么？很简单，未来大概率会出现股价超过1000元的上市公司。而当时最贵的股票只有贵州茅台，接近800元，那这个测试的信息，不是提前告诉大家贵州茅台还要再涨吗？

很多包括基金在内的大资金，更重视政策传导的信号，从而制订交易策略，确定建仓对象和仓位，它们的举动也大致决定了市场的方向。如2008年金融危机时国内降息的信号，预示着市场资金将发生转向；2018年监管层的严厉监控，使大资金和民间资金都不敢轻举妄动，也导致了指数的节节败退；2020年年初疫情冲击时，高层对稳定资本市场的表态，都对市场产生了直接的影响。

## 行业网站

有些股民把注意力放在股市本身的同时，也更愿意从专业网站获得最新的动态与信息，以此作为二级市场的补充参考。很多券商的研究员也喜欢查阅这类网站，以提高自身的素养。

## 外盘复盘

随着全球经济的一体化，A股受外盘影响越来越大，尽管欧洲股市的影响可以忽略不计，但美国股市对我们的影响很大。目前A股中的许多概念股，都是跟风美股的，如特斯拉概念、苹果概念等，基本上美股炒什么，我们炒什么。只是对大盘指数的影响有些怪异，那就是2008年以后A股似乎患上了“软骨病”，对美股是跟跌不跟涨。美股跌，我们跟着下跌；美股涨，我们却无动于衷。

夹在其中的港股，虽然也对A股有一定影响，但目前有意思的是，它在悄悄改变以前一味跟随美股的特点，受A股的影响越来越大了，A股的涨跌有时候对它的影响比对美股都要强烈。以致业内人士说道：“今后港股要么A股化，要么A股今后港股化。”虽然是句半真半假的玩笑话，但也说明，两地的互动性越来越紧密了。

另外，值得一提的是新加坡富时50指数。该指数于1999年推出。是由全球四大指数公司之一的新华富时指数有限公司，为满足中国国内投资者及合格境外机构投资者（QFII）需求所推出的以美元标价的实时可交易指数，它包含了中国A股市场市值最大的50家公司，其总市值占A股总市值的33%，是最能代表中国A股市场的指数。

当年由于A股不能做空，且对外资不开放，而新加坡的进出自由度高、交易成本低，所以在A50上一度堆积了大量的对冲筹码和以A股为赌注的对赌筹码，由于这些筹码背景深厚，均非等闲之辈，因此风向标意味很浓，致使许多资金在A股开盘前都要看它的脸色行事。故有市场资深人士称A50为股指的股指。

但如今A50早已风光不再，可是由于它本身所具备的做多、做空机制和不间断的交易规则，以及资金可自由进出等特点，其走势仍然对A

股有着相当大的参考价值。A50期指如图7-11所示。

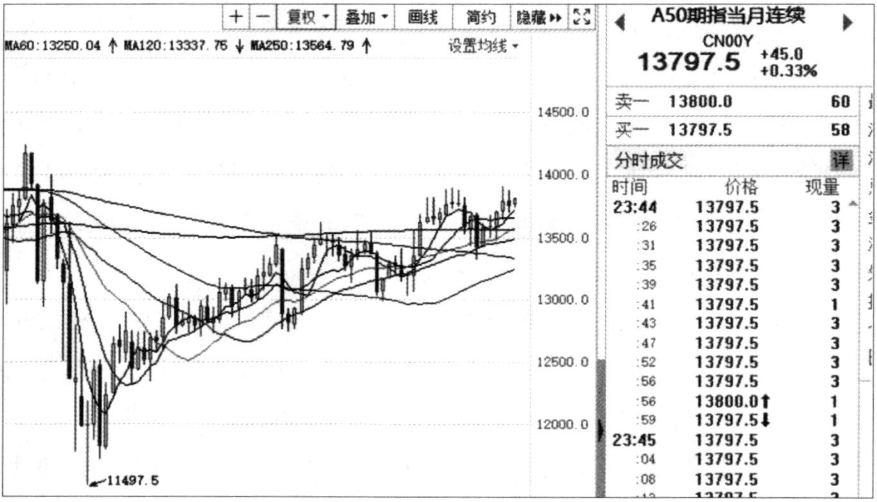


图7-11　A50期指

## 期货价格

有时候期货市场的价格会比股票市场提早一步，如石油、黄金、白银、锌、铜、铁矿石、煤炭、稀土、大豆、白糖等。因此，在相关产品的期货价格恶炒起来后，可迅速在股票市场潜伏同样的标的，有时会有不错的套利机会。

## 研究报告

前文我们讲述了券商的公司（个股）研究报告。除了这类研究报告外，券商的研究报告还包括晨会纪要、行业研究报告，专题研究报告等。但是这些报告数量太多了，每年数十万篇，如果按照正常的阅读速度，一年的报告需要260年才能读完。因此，只能精挑细选，从这些书山文海中挖掘真金。相对来讲，大券商的研究报告更有深度与广度，更可信一些，投资者不妨多侧重，如申万、国泰君安、中信、招商等，这些研究所里的金牌研究员对市场的号召力更强。

上述的研究报告普通投资者在网上大多能免费浏览到，最好能多阅一些，参考一下，同时也是在逼迫自己多学习、多研究、多提高。还有一类的买方研究报告，是基金、私募等自用的，主要用来做资金交易。此类研究报告目前很难在网上找到，只有付费才能买到阅读，但要价很高，动辄数千上万元一份，一般投资者难以承受。 这几种研报非常不错，堪称是投资“圣经”，但股民们在决策时，也不能过度迷信，仍需要根据当时市场的各项因素，如国内外宏观经济情况、政策面及技术面等做出自己的判断。

第八章

# 股票的价格从哪里来

第八章

# 股票的价格从哪里来

股票的价格从哪里来的？一个老股民问我。我有些吃惊，如果这个问题是新股民问的，尚可理解，老股民这样问，觉得比较意外。但在股市里，这种专业知识有所欠缺，许多基本常识都有些模糊的股民非常多。

究其原因，一方面是我们的市场投机气氛太浓，投资者认为这类知识原理无关盈亏，掌不掌握无所谓；另一方面是牛市的赚钱效应使许多人产生了错觉，他们认为只要拿着钱入市，把钱转换成一个个股票代码，就能迅速让钱生钱，收割财富，因此对诸如股票基础、经济理论等系统知识没有做太多的学习就匆忙入市了，这无疑导致了赔多赚少。

搞不清股票的定价机制与原理，就难以判断手中的股价是高估还是低估，心中无底，投资就如无锚之船，容易随波逐流，在低位时割肉止损，在高位时买进被套，在不停地反反复复中错失一次次机会，并眼睁睁地看着自己账户的资产缩水。

那如何弄明白股票的真正价格？

## 计算股票价格的几种方法

我们先从一个最基本的原理来说起。

假如投资人有一个存折，是100元，银行的年利率是10%，那么一年以后这个存折就是110元。有一天，这个投资人急需要用钱，把这个存折以110元转让给朋友，朋友掂量后觉得仅仅是短期被套，大不了损失了时间成本，于是接受。这个成交显然是并不亏本的投资。但如果这个朋友乘人之危，压价到90元，那么他的盈利就是10元，加上利息，就是20元，盈利率就是20/90=22%。

我们可以把这个存折比作股票，100元是股票本身的价值，10元是它的增长率，那么110元就是它的价格，股民以90元或者100元买了都赚，110元买了也不必割肉，静等一年即可。如果120元买了，假定增长率不变，两年也可以回本。

加大一下难度，当利率（增长率）是15%时，2年后获得的280元在今天的现值是多少？

$$PV（现值）=\frac{CF（终值）}{（1+i）^{n}}$$

CF=280元，i=0.15，n=2

$$PV=\frac{280}{（1+0.15）^{2}}$$

$$=\frac{280}{1.3225}$$

$$=211.72$$

可以看出，假如280元买的股票现在被套了，如果它每年有15%的增长，大家又不急于用钱，那就耐心等待两年，扭亏回本问题不大，若反复割肉，节拍踩错了或许会越割越少。如果能在211.72元以下买，那就是个有专业眼光的投资者。

再把此类公式复杂一下，我们看教科书版。上市公司2019年的每股收益3元，其中50%的收益用于派发股息，公司的β值是0.85，同期股价综合指数的超额收益率是7%，国库券利率是3.5%。公司股价现在是22元，那么股价是高估还是低估？应该持有还是卖出？我们来计算。

公司的每股股息=3×50%=1.5元

必要收益率=3.5%+0.85×7%=9.45%

股票理论价值（V）= $\frac{1.5}{9.45\%}$ =15.87元

净现值（NPV）=V—P=15.87—22= －6.13元

结论，高估了6.13元。如果基金经理看到这样的结果，会立刻指令交易员卖出，甚至有可能将该股票调出股票池。

基金的风格是在股票低估时买入，在高估时卖出。尽管有的时候，基金在卖出高估的股票时遇到了大牛市，卖出了仍旧在涨，但稳健的基金只挣应该挣的钱，因为它明白，低估的会涨上去，高估的会跌下来。

上面三个公式，是计算股票价格的一种重要的方法：股利贴现法。补充解释一下贝塔值（β）——β值是一种评估证券系统性风险的工具，用以度量一种证券或一个投资证券组合相对总体市场的波动性，在股票、基金等投资术语中常见。它将整个市场波动带来的风险确定为1。当某项资产的价格波动与整个市场波动一致时，其贝塔值也等于1；如果价格波动幅度大于整个市场，其贝塔值则大于1；如果价格波动小于市场波动，其贝塔值便小于1。

必要收益率也称最低必要报酬率或最低要求的收益率，表示投资者对某资产合理要求的最低收益率。公式为

必要收益率=无风险收益率+风险收益率=无风险收益率+风险价值系数×标准离差率=Rf+b·V

其中，Rf表示无风险收益率，b为风险价值系数，V为标准离差率。

有些股民读了上述描述，依旧说看不太懂，什么必要收益率，β值，不懂。那我们换种方式，用大家最熟知、最了解的市盈率来计算股票的价格。

## 市盈率公式法

市盈率大家都明白，就是市价除以每股收益，简单得很。但是问大家一下：市盈率的本质是什么？它代表什么意思？许多人又说不清楚。

市盈率的含义是本益比，就是指投资和收益之比，也称为翻本期，是指把钱投出去了需要多久能收回成本。如果市盈率是1的话，那就意味1年能收回本金，如果是2，那就是2年回本。打个比方，你和朋友三人，投资3亿元开了家海鲜舫，一年后，你们净挣了3亿元（扣除所有费用与税收），用市盈率算，就是3/3=1，一年回本了。你们很高兴，盘算了一下，想想当初投资3亿元置办的厨房设备、房屋等还在，一点没有少，很轻松就挣了3亿元，那明年继续干，年年3亿元。这个1的市盈率，对投资人充满了诱惑，也给人满满的干劲。

假如这笔投资没有投到实体的海鲜舫，而是投到了股市里的上市公司海鲜舫，道理也相通。它市盈率为1，投资人一共投了3亿元，年底分红了3亿元，一年就赚回本，可那3亿元股票还在自己账户里，别人谁也拿不走，明年到手的分红又3亿元，后年又3亿元，一年翻一倍，多划算啊。然而，我们这样打比方的好公司在股市有吗？股市里有市盈率为1的股票吗？没有，肯定没有，中国没有，美国没有，英国日本都没有，如果有的话，精明的投资者早把它就买光了，而大家疯买的话，水涨船高，市盈率就会从1跳到2、从2跳到3、跳到4……所以，大家明白了，为什么市盈率低的股票，成为许多投资者的首选，因为市盈率本质上衡量的是一家公司的赚钱能力。

那么，我们知道股票的市盈率和每股收益，我们就能间接地估算出股票价格，这种方法就是“市盈率估价方法”。把市盈率=每股价格／每股收益这个公式倒过来，变成每股价格=市盈率×每股收益即可。

例如，如果一家水泥行业的上市公司，它每股收益是2元，行业平均市盈率是20倍，那很简单，它的股价就是2×20=40元。低于40元就是低估，高于40元就是高估。这个估值或者说是内在价值，决定了股票的基础价格，尽管牛市、熊市会造成股价大幅波动，尽管金融产品的市场价格受多重因素影响，但归根结底，还是逃脱不了价格围绕价值波动这一商品规律的。

这种市盈率法，除了计算简单、数据公开外，还有一个优点是适用范围广泛，在公司公开发行、收购兼并等都可以使用，是深受业内、业外人士喜爱的相对价值度量法。

股民们如果对以上的两种方法能有一个大致的了解掌握，在股市里就会显得更专业一些，对股价和上市公司的分析判断更清楚一些，买卖就会气定神闲。正如一句话所说的那样：“我有长缨在手，何惧云海苍龙？”

第九章

# 鹰隼之资：涨停板敢死队

第九章

# 鹰隼之资：涨停板敢死队

近些年来，证券市场上活跃着一股强悍的力量，它们像鹰隼、像猎豹，灵敏矫捷，神出鬼没，埋伏狙击一个个热点题材——凌厉快速地拉升，酣畅淋漓地接力，迅疾华丽地转身。攻如猛虎，守如险隘，退如潮水。无视大盘涨跌，无视外围风浪，甚至无视估值基本面，在A股市场上翻江倒海，演绎出一幕幕暴富的传奇！这，就是人们熟知的涨停板敢死队。

在1996年12月16日之前，尚没有这种称谓与现象，因为那时还没有涨跌停限制，只是在实施了涨跌停板制度后，这类资金与操作风格才亮相于江湖。市场把这类资金称之为“游资”，我认为这是有些略带轻蔑性的称呼。因为不管对哪一类资金来说，公募也好，私募也好，社保也好，它们都是建设繁荣我们证券市场的一种力量，是不可或缺的生力军与血液，都应给予正确对待。如果没有这类资金，我们的市场会平淡乏味得多，甚至是一潭死水，2018年市场的持续阴跌就是证明。所以，本书更愿意称这些资金为“猎资”或者“民资”。

有人不以为然，指责这类资金是投机，殊不知，投机的英文名词是Speculation，本义是推测，并没有多少贬义。有人标榜自己是价值投资，认为这种操作纯粹是无厘头、无价值的炒作，但是他们忽视了，这类资金很多时候也是做价值投资的。此类资金非常善于挖掘个股的业绩提升、产品涨价、技术的升级换代等利好，先人一步提前介入，然后拉举、抬升，令股价实现价值回归。他们深知，在资本市场上，成王败寇，投资茶叶蛋不比投资导弹低贱，投资高科技不比投资土豆、玉米高贵，回报率才是关键。最重要的一点是，这些“游资”每年几倍、几十倍甚至百倍的收益，让个别标榜自己是“高尚”的价值投资者羞愧难当，汗颜不已。

这些活跃的“猎资”目前主要集中在江浙、深圳，以及上海、福建等地，他们堪称是中国证券市场中顶级的操盘能手，具备了炉火纯青的盘口控制能力与涨停板打板绝技，拥有着印钞机般的赚钱能力——任何题材信手拈来，即可打造出一片市场热点，四两拨千斤，便可撬动波澜不惊的大盘，振臂一呼，应者万众，真是我们市场上前所未有的虎狼之师！

本书简要介绍一下他们的操作手法。

## “猎资”的操作理念与手法

它们的市场研判是——市场永远不缺乏机会。

正常情况下，在股市上升时期，投资者容易赚钱，下降期和整理期大部分都会亏损。对“猎资”来讲，不管是上升期、下降期还是整理期都就可以寻觅到良机。关键因素取决于市场空间的高度、场内量能的大小、情绪指数的高低、题材的驱动因素等。所以，“猎资”在顺境中可大展身手，逆势里也可火中取栗。

它们的选股思路是——题材为王。

以2019年年初至2020年上半年为例，A股市场相继被猎资挖掘出了5G概念、猪肉概念、数字货币概念、特斯拉概念、口罩概念、特高压概念等诸多概念题材。这些概念中的很多个股在炒作中都出现了一倍甚至数倍的涨幅。各路猎资在进行围猎时，不太注重股票估值、市盈率、每股收益等，大都凭借题材发酵和市场的情绪驱动，利用资金优势，向上哄抬拉升股价，交相接力，吸引市场跟风，营造出热烈氛围，等到一定高度时，再伺机脱身。有些被炒作的概念个股确实有业绩改善提升的迹象，但很多则是炒作结束后的一地鸡毛，公司的利润仍然停滞不前。

它们的操作法典是——价、量、时空。

颠覆了经典的道氏理论、波浪理论及价值投资观念，包括深入人心的“长线是金”信条，专门去博弈短线机会，重新定义“短线是金”。炒作个股时，认为量价关系最重要，价随量走，量增价升，在这里，均线、压力线、超买超卖指标几乎全部失效，资金即量能才是真龙天子。

它们的操作手法是——龙头领涨，板块跟随。

每个热点题材，先挖掘出基本面最贴切的一只个股（这一点不得不佩服“猎资”的敏锐眼光，“猎资”内部都有专门的信息员、研究员等人员分工），率先打造出一个龙头品种，称为龙一，之后又推出龙二，并提携影响着板块中其他龙三、龙四小兄弟群体追随。有时候地位会互换，龙二股票反超会晋级为龙一，这样就会使操作龙二的“猎资”声名鹊起，江湖地位奠定。

如2019年至2020年炒作的各个题材中，猪肉板块的龙一是正邦科技，龙二是新五丰，他们的累计涨幅分别达到270.51%和253.25%；口罩概念中的龙一是泰达股份，龙二是欣龙无纺；光刻胶概念的龙一是容大感光，龙二是南大光电。

它们的操作方案是——升级换代，得陇望蜀。

先把龙头也就是龙一的个股拉升几个涨停，最好拉到三个涨停，令市场目光聚焦并出现亢奋，各路资金蠢蠢欲动。随后在有三必有五的行规下，把三个涨停板拉升到五个涨停板，呈现“领袖风采”，给龙二、龙三、龙四等个股做出标杆示范，也彻底打开这些跟风个股的向上空间。在龙头推升期间，各兄弟营业部的“猎资”心照不宣，默契配合，交替推高。有三个涨停就会有五个涨停，有五个涨停就会有七个涨停，后续资金斗胆跟进拉抬，轮流接棒，推升到第7个涨停板时，完成翻番目标，令市场惊艳。如果大势配合，政策许可，人气鼎沸，龙三、龙四等小兄弟比学赶超，那么龙一空间则继续顺势拔高，10倍的妖股可能就此横空出世，如2019年年初的东方通信。这种玩法，既有效解决了单一主力的资金可能后续不足的难题，又规避了管理层打击坐庄操纵股价的严规，可谓瞒天过海，两全其美，一石三鸟。

它们的操作艺术是——见机行事，灵活多变。

“猎资”介入的个股，一般至少会出现了20%以上的涨幅。但也并非定性，有些主力也会一日游，投资者也可以从龙虎榜观察一下，有的营业部资金今天买明天就卖掉了。而且，一旦市场变坏，投资计划生变，也会对倒自救或止损砸盘 。

## 实证剖析

我们通过几只个股的操作轨迹，来看看这些猎资的高超技巧。

★华资实业（600191）

2020年3月下旬，由于新冠肺炎疫情在世界的持续蔓延，多国开始采取措施应对这一突发事件，如越南暂停了大米出口，全球第一大白糖出口国印度宣布封城等。嗅到这些信息的市场“猎资”，马上搁置下热火朝天的口罩、疫苗、特斯拉等概念，开始围猎这个突如其来的风口——农产品。

2020年3月20日，农业板块中的金健米业率先暴动，拉出第一个涨停板，之后几天持续上涨，俨然呈现出一副领袖风采，龙头风范，进而刺激了该板块中的其他个股，如丰乐种业、农产品、万向德农等紧随其上。那么，在这些跟涨的农业股中，谁最有潜力像金健米业一样带给投资人更多的盈利机会，谁最有可能脱颖而出成为龙二品种？

“猎资”把目光聚焦到了白糖概念上。A股市场上有三家制糖企业：南宁糖业、粤桂股份和华资实业。逐一分析筛选：南宁糖业是行业老大，理应是首选，但它目前被ST，市场形象欠佳，难以服众，另外加上ST个股每天涨幅只有5%，吊不起胃口，可排除在外；粤桂股份即以前的贵糖股份，本有望入围，但它在2018年重组后，经营范围扩大，业务繁杂，血统不纯，也不是首选；那么，只剩下华资实业了。

华资实业是内蒙古包头市的一家企业，前身是包头糖厂，为我国北方大型糖厂之一。公司业务为生产、销售糖及废蜜；经营本企业生产的产品和相关技术的出口业务；经营本企业生产所需原辅材料；机械设备、仪器仪表及零配件的进口业务等。

公司总股本4.8亿股，市值20多亿元，盘子适中，适合控制。大股东是包头草原糖业（集团）有限责任公司，实际控制人是明天系的肖卫华，明天系成员屡有重组传言，因此该股有朦胧想象空间。同时它也是一只券商影子股，持有恒泰证券3.08亿股，持有华夏银行流通股6962万股。不久前天风证券受让恒泰证券5.32亿股，总计收购恒泰证券股份有限公司29.99%股权，成为恒泰证券第一大股东，华资实业则成了其第二大股东。这个题材，就显得该股5元多的价格有低估嫌疑。另外由于地处边陲地区，受政策产业保护，退市概率极小，即使被恶炒，惩处力度也小于内陆企业。

在如此甄定之后，华资实业在猎资的大举入驻下开始了靓丽表演。2020年3月26日，开盘不到半个小时，华资实业即迅速封住涨停，拉出第一个涨停板。3月27日，该股早盘震荡整理，临近午盘时，突然飙升至涨停，收出了第二个涨停板，价格为5.93元。盘后龙虎榜提示，非一线资金的华泰证券苏州何山路营业部赫然出现在买一位置，买入金额为1439万元。蹊跷的是，卖一榜单同样是该营业部，卖出了1283万元。由此可以分析出，上一个交易日的买入主力即为该营业部资金，只是由于目前的价格恰巧切入了前期的平台上，抛压太重，于是主力做了一个漂亮的洗盘，早上抛出，下午买进，既做出了差价，又没有丢失筹码。

根据以往的统计数据，该营业部并没有太多的上榜次数，操作手法和风格不像其他营业部被人熟知，显得非常神秘，这样使得许多跟风盘有些缩手缩脚。2020年3月27日华资实业（600191）龙虎榜如表9-1所示。

表9-1　2020年3月27日华资实业（600191）龙虎榜

【交易日期】2020-03-27三日涨幅偏离值累计达20%
偏离值：20.35% 成交量：6073.02万股 成交金额:34548.72万元

| 买入金额排名前5名营业部 | | |
|---|---|---|
| 营业部名称 | 买入金额/万元 | 卖出金额/万元 |
| 华泰证券股份有限公司苏州何山路证券营业部 | 1439.69 | — |
| 国泰君安证券股份有限公司常州延陵中路证券营业部 | 485.69 | — |
| 华泰证券股份有限公司北京东三环北路证券营业部 | 441.43 | — |
| 国泰君安证券股份有限公司襄阳襄城西街证券营业部 | 427.60 | — |
| 中国中金财富证券有限公司晋江迎宾路证券营业部 | 418.06 | — |
| 卖出金额排名前5名营业部 | | |
| 营业部名称 | 买入金额/万元 | 卖出金额/万元 |
| 华泰证券股份有限公司苏州何山路证券营业部 | — | 1283.05 |
| 国泰君安证券股份有限公司襄阳襄城西街证券营业部 | — | 858.54 |
| 中国中金财富证券有限公司晋江迎宾路证券营业部 | — | 589.03 |
| 安信证券股份有限公司茂名市文明中路证券营业部 | — | 566.68 |
| 国金证券股份有限公司上海互联网证券分公司 | — | 345.31 |

2020年3月27日华资实业（600191）日线如图9-1所示。

图9-1　2020年3月27日华资实业（600191）日线

2020年3月28日华资实业大幅低开，一度大跌7%以上，再次吓跑出一批获利盘与解套盘，之后止跌并缓步走高，午后收出第三个涨停板，萎缩的量能显示出主力锁仓良好，洗盘手法老到。龙虎榜显示，老牌营业部劲旅国信证券深圳泰然九路营业部拍马杀到，占据了榜单的买一位置，买入金额为945万元。该营业部资金的特点是：喜欢选择盘子比较小的非基金重仓股，前期没有大资金关照的；偏好炒作新股及重组题材，多是以自买自卖的形式出现在龙虎榜上；具有间歇性，第一次拉升涨停之后，往往时隔数日才会再次拉升；止损很坚决，经常出现砍仓，一旦亏损5%，就会果断止损出局；大盘环境良好，盈利一般设定为15%；大势不好时，盈利一般设定为5%。

买五的位置，则惊喜地出现了机构的身影。那么，这是稳健的机构看好华资实业的基本面继而进驻，还是在此位置替人接盘，搞利益输送？投资者有些惶惑担忧。就目前这个位置而言，机构替人接盘的概率并不大，毕竟华资实业有重组和券商概念的双重题材支撑，绝对价格也不高，甚至有被低估的嫌疑，机构看中也不意外。在卖出的榜单名字上，启动上涨行情的华泰证券苏州何山路营业部并没有现身，由此可以推断出，主力并没有出货。那么，在“有三必有五”的股谚下，华资实业的第四个、第五个涨停板能否将不期而至，2020年3月30日华资实业（600191）龙虎榜如表9-2所示。

表9-2　2020年3月30日华资实业（600191）龙虎榜

【交易日期】2020-03-30 日振幅达15%
振幅：19.41% 成交量：5784.41万股 成交金额：35207.44万元

| 买入金额排名前5名营业部 | | |
|---|---|---|
| 营业部名称 | 买入金额/万元 | 卖出金额/万元 |
| 国信证券股份有限公司深圳泰然九路证券营业部 | 945.46 | — |
| 东莞证券股份有限公司北京分公司 | 758.19 | — |
| 国金证券股份有限公司上海互联网证券分公司 | 734.01 | — |
| 华泰证券股份有限公司北京东三环北路证券营业部 | 733.57 | — |
| 机构专用 | 671.77 | — |
| 卖出金额排名前5名营业部 | | |
| 营业部名称 | 买入金额/万元 | 卖出金额/万元 |
| 海通证券股份有限公司鞍山二道街营业部 | — | 921.81 |
| 中国中金财富证券有限公司晋江迎宾路证券营业部 | — | 481.03 |
| 华泰证券股份有限公司北京东三环北路证券营业部 | — | 451.28 |
| 华泰证券股份有限公司兰州甘南路证券营业部 | — | 425.35 |
| 西藏东方财富证券股份有限公司江苏分公司 | — | 396.85 |

关键的第四个交易日，没有出现任何悬念，华资实业高开近9%，在市场的一致预期下迅速牢牢封住涨停。华资实业涨停的分时走势如图9-2所示。

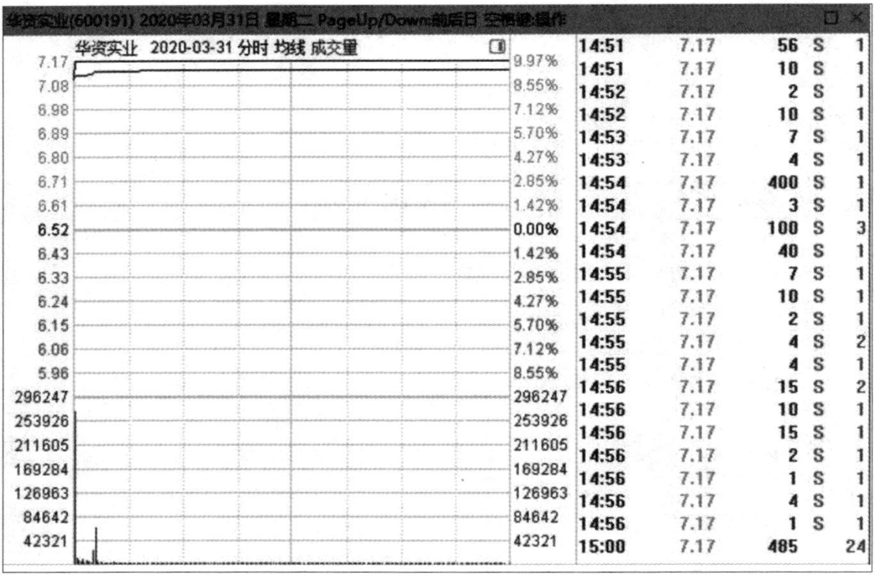


图9-2　2020年3月31日华资实业（600191）涨停板分时走势

在连续四天涨停后，市场对农产品板块龙一的定位开始倾向于华资实业，因为尽管金健米业是率先启动，是本轮农产品板块的领头羊，但是它的涨势、涨幅与气势，均不如华资实业。金健米业5天3板（3B），7天5板（5B），而华资实业四天连续四板（4B），只要华资实业再拉一个涨停，5天5板（5B），龙头或许就有易主的可能，那么苏州何山路营业部，是否将就此一战成名，奠定其新的江湖地位呢？

对金健米业的主力而言，压力无疑剧增，而该股其他的持有者也心急火燎。更有意思的是金健米业所在地常德的一些股民，他们更希望此股能一枝独秀，一骑绝尘。毕竟，尽管常德是享誉远近的鱼米之乡，但在国内，充其量也只是默默无闻的四线城市，如果常有牛股诞生，无疑也是一张名片，给城市增光不少。

是压力也是动力，龙一、龙二之争，开始进入白炽化。2020年4月1日，当华资实业上试第五个涨停板的时候，金健米业以开盘一字的涨停板，似乎要告诉对方自己龙一霸主地位的无可撼动。尽管涨停一度被打开，但瞬间回封，一直维持涨停到收盘。

2020年4月2日，华资实业晋级6B失利，而金健米业再次涨停，龙一地位牢牢确立。盘后的龙虎榜显示，银河证券北京阜成路营业部、银河证券绍兴营业部等“猎资”强力入驻。其中银河证券绍兴营业部，是近些年来名震江湖的一线“猎资”，该资金的总舵主相传8年来创造出1万倍收益的神话。该营业部自2010年起，屡屡登上沪深两市的龙虎榜名单，是许多散户艳羡跟风的对象。其操盘特点是：偏重于当下最热门的炒作题材，比较激进；对宏观政策和产业动态把握得及时，善于挖掘捕捉热点；手法犀利，凶悍。2020年4月2日金健米业（600127）龙虎榜如表9–3所示。

表9-3 2020年4月2日金健米业（600127）龙虎榜

【交易日期】2020-04-02 日换手率达20%
成交量：25665.40万股 成交金额：219060.28万元

| 买入金额排名前5名营业部 | | |
|---|---|---|
| 营业部名称 | 买入金额/万元 | 卖出金额/万元 |
| 中国银河证券股份有限公司北京阜成路证券营业部 | 2516.10 | — |
| 中国银河证券股份有限公司绍兴证券营业部 | 2414.98 | — |
| 西藏东方财富证券股份有限公司拉萨东环路第二证券营业部 | 1866.43 | — |
| 中泰证券股份有限公司上海建国中路证券营业部 | 1810.06 | — |
| 平安证券股份有限公司芜湖江北证券营业部 | 1694.49 | — |

在这些霸王级“猎资”的介入示范下，金健米业随后两天又得到了市场资金的热烈追捧，连续收出两个涨停板，以6天6板共计11天9板的煌煌战绩，向市场宣告，龙一舍我其谁？！2020年4月金健米业（600127）日线如图9-3所示。

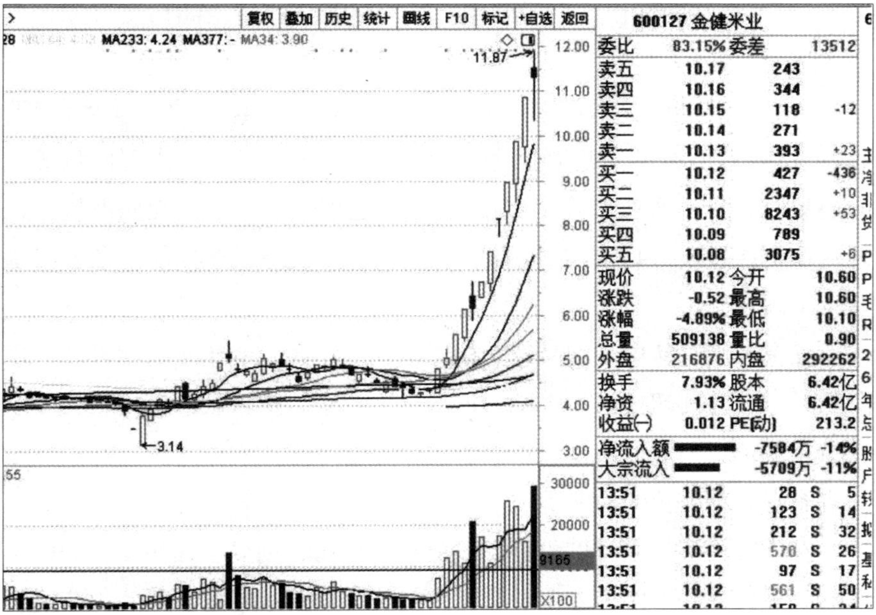


图9-3 2020年4月金健米业（600127）日线

从这个实例中，大家可以看出猎资的筛选思路与操作手法，龙一、龙二的靓丽表现及二者的默契配合，3B、4B、5B的晋级方式等。也可以感悟到每一个人气龙头的诞生与催化，包括妖股的横空出世，都恰如其分地迎合了天时、地利、人和等因素，才取得圆满成功。复盘总结如下。

（1）市场渐渐摆脱了2020年年初的暴跌恐慌情绪，气氛开始缓和，指数也由单边下跌转为震荡，在系统性下跌概率排除的情况下，个股有了炒作基础。

（2）疫情刺激了口罩等概念股爆发，农产品轮回。

（3）持续的炒作，个股开始活跃，5板、6板等空间高度有资金可以尝试了。

（4）金健米业的5天3板带动了华资实业的4天4板，华资实业的4天4板反过来又倒逼了金健米业后来的6天6板。金健米业在出现由强转弱的迹象时，华资实业打开了市场久违的4连板空间，于是受此鼓舞，金健米业再次雄起并协同拉升助推。后来华资实业5板炸板，但是金健米业牢牢顶住。

投资者可以从中细细品味、揣摩这龙一、龙二的相互提携赶帮，逐渐掌握猎资的高超技艺与水准。那么，下一个热点再次凸显时，就可以从主力的角度去选择品种与投资了。

★省广集团（002400）

省广集团即广东省广告集团股份有限公司，创立于1979年，2010年登陆中小板，是中国拥有全产业链服务能力的营销集团，在品牌营销、数字营销、媒介营销、体育营销等领域为客户提供极具实效性的全营销解决方案。

2020年4月7日，省广集团公告：公司正式与字节跳动ByteDance签署出海合作协议，成为TikTok Ads出海核心代理，获得TikTok（抖音短视频国际版）等多款海外流量产品在五大洲150多个国家和地区的出海代理权。

这个消息对于有些投资者来讲，是平淡无味的一则新闻，因为许多四五十岁、五六十岁的股民，根本不知道什么是TikTok Ads，什么是抖音，根本不知道当下炙手可热、年轻人趋之若鹜的今日头条和抖音都是字节跳动的旗下产品，更不知道该公司与其签署协议，一举成为国内互联网三巨头之一的流量产品海外代理，会有多大的想象空间。

但毕竟有些年轻的头脑，“年轻”的资金读懂了。2020年4月8日，公布此消息后的第二天，省广集团一字涨停，回应了这则利好。

第三天（2020年4月9日）以涨停开盘，但旋即开板。一是前期套牢盘蜂拥出局。二是此利好带来的力度有多大？能提升公司多少利润？一些资金犹豫不决。尤其是严谨的公募基金经理，在没有掌握客观的数据前，是不会轻易让交易员下单的。三是该股没有板块协同效应，一个孤独的侠客，能走多远？

在分歧博弈中，有坚定看好该股的资金迅速介入，开板不到一个小时，即再次封住涨停，日K线留下了一个标准的T字，这也是许多短线牛股的经典形态。盘后龙虎榜显示，买一为国泰君安上海江苏路营业部，买入金额为2119万元，买二为近几年来异军突起的东方财富证券拉萨团结路第二营业部，买入金额为1866万元，后三位是海通证券和华鑫证券的几个席位。这表明了活跃的猎资们再次青睐上了这个时髦的题材，后续有较大的上涨空间，如图9-4、表9-4所示。

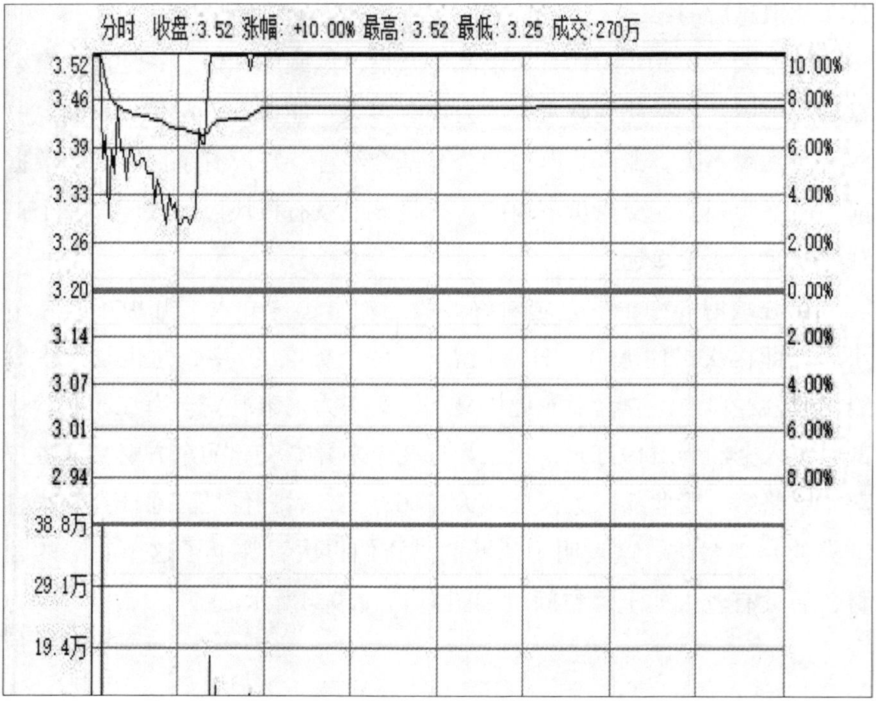


图9-4 2020年4月9日省广集团（002400）分时图走势

表9-4 2020年4月9日省广集团（002400）龙虎榜

【交易日期】2020-04-09 日涨幅偏离值达7%
偏离值：9.25% 成交量：27008.00万股 成交金额：93158.00万元

| 买入金额排名前5名营业部 | | |
| --- | --- | --- |
| 营业部名称 | 买入金额/万元 | 卖出金额/万元 |
| 国泰君安证券股份有限公司上海江苏路证券营业部 | 2119.27 | 0.62 |
| 西藏东方财富证券股份有限公司拉萨团结路第二证券营业部 | 1866.88 | 198.80 |
| 海通证券股份有限公司上海南桥证券营业部 | 1362.91 | 1.40 |
| 华鑫证券有限责任公司上海分公司 | 1217.08 | — |
| 华泰证券股份有限公司杭州求是路证券营业部 | 1193.60 | 138.82 |
| 卖出金额排名前5名营业部 | | |
| 营业部名称 | 买入金额/万元 | 卖出金额/万元 |
| 长江证券股份有限公司上海东明路证券营业部 | 14.54 | 2890.22 |
| 海通证券有限公司杭州解放路证券营业部 | 26.81 | 2068.73 |
| 中国银河证券股份有限公司佛山顺德容桂证券营业部 | — | 1408.00 |
| 国盛证券有限责任公司南昌金融大街证券营业部 | 36.32 | 1363.56 |
| 长城证券股份有限公司杭州文一西路证券营业部 | — | 1353.29 |

这个榜单的买一国泰君安证券股份有限公司上海江苏路证券营业部，是国内最著名的老牌营业部之一，它的风格是：偏重于消息面选股，对热点题材把握得准确及时，拿捏到位；比较讲究技术，操盘手法屡屡出现教科书似的经典图形。买二西藏东方财富证券股份有限公司拉萨团结路第二证券营业部，是散户大本营。目前它们把此股打到了二板（2B），后续能否继续向上拓展空间，一是取决于这两家资金是否持续加仓；二是取决于其他的猎资能否积极承接，这样才把省广集团拉升成一个特立独行的短线牛股，毕竟它的题材稀缺独特。

业内道：一板是点火板，二板是接力板，三板定龙头。省广集团的三板能水到渠成，不负众望吗？

2020年4月10日，该股开盘后略做回调便昂头向上，不到15分钟就迅速打上涨停，3B晋级成功。由于连续三个交易日内涨幅偏离值累计达到20%，按照交易所信息披露规定，省广集团再次登上龙虎榜。买一显示，中信证券上海瑞金南路营业部买入金额为4117万元，成为当日封板的头号功臣。上一日买一席位的国泰君安证券股份有限公司上海江苏路证券营业部这次出现在了买四位置，买入金额为2125万元，但卖出了2300万元，虽然显示持续看好，但做T赚取了差价。买二依旧是西藏东方财富证券股份有限公司拉萨团结路第二证券营业部，继续加仓2777万元，显得更有信心。

但有一点隐忧的是，买一的中信证券股份有限公司上海瑞金南路证券营业部，它的买入金额，远远超过榜单上买二、买三、买四、买五的单笔金额，有一股独大的嫌疑，如果它第二天不再加仓而是反手砸盘的话，股价将面临考验。但无论如何，3B晋级成功，市场都在翘首以盼4B、5B的到来。如表9-5所示。

表9-5 2020年4月10日省广集团（002400）龙虎榜

【交易日期】2020-04-10 日涨幅偏离值达7%
偏离值：12.21% 成交量：32465.00万股 成交金额：122021.00万元

| 买入金额排名前5名营业部 | | |
|---|---|---|
| 营业部名称 | 买入金额/万元 | 卖出金额/万元 |
| 中信证券股份有限公司上海瑞金南路证券营业部 | 4117.76 | 1.36 |
| 华泰证券股份有限公司深圳深南大道证券营业部 | 1810.64 | 116.23 |
| 中国银河证券股份有限公司台州引泉路证券营业部 | 1728.05 | 1.94 |
| 华鑫证券有限责任公司江苏分公司 | 1343.17 | 5.36 |
| 华泰证券股份有限公司上海普陀区江宁路证券营业部 | 1322.66 | 1.07 |
| 卖出金额排名前5名营业部 | | |
| 营业部名称 | 买入金额/万元 | 卖出金额/万元 |
| 国泰君安证券股份有限公司上海江苏路证券营业部 | 5.94 | 2305.67 |
| 海通证券股份有限公司上海南桥证券营业部 | — | 1552.39 |
| 华泰证券股份有限公司杭州求是路证券营业部 | 0.04 | 1427.78 |
| 华鑫证券有限责任公司上海分公司 | 568.12 | 1296.70 |
| 国泰君安证券股份有限公司昆明人民中路证券营业部 | 23.59 | 1208.42 |

紧接下来的交易日2020年4月13日（周六、周日间隔两天），已经三个涨停的省广集团没有一鼓作气冲上4B，而是出现了大幅振荡。上午盘中股价还一度大涨超过8%，有冲击涨停的势头，但随着抛压越来越重，午后即出现快速跳水，收盘大跌超过7%，全日振幅高达17.57%，成交量明显放大。卖出席位中有两家机构现身，合计卖出金额达到6281万元，上个交易日大举介入的中信证券股份有限公司上海瑞金南路证券营业部，果真短线收割利润，卖出了大部分筹码。买五的席位里，一直加仓的西藏东方财富证券股份有限公司拉萨团结路第二证券营业部继续买入1448万元，表明他们坚定看好该股，虽然做T卖出了

2527万元，但只不过是顺势做了一笔差价而已。其“兄弟”西藏东方财富证券股份有限公司拉萨东环路第二证券营业部买入1670万元，位列买二位置，这两个拉萨营业部占据了买五的两席，似乎要齐力把省广集团打造成一只牛股。横空出世的华鑫证券有限责任公司湖州劳动路浙北金融中心证券营业部出现在买一位置，买入金额4263万元，但似乎也有一股独大的嫌疑。这新进的几家猎资，如果按照当天的均价来计算，几乎一天内都被套10%以上，这个结局换作任何人都不会善罢甘休的，何况是凶悍的猎资？因此后续很大的可能会继续推高以求解套并盈利。那么，这根巨量阴线，是否会成为一个标准的震仓洗盘的K线形态呢，也是一个绝佳的上车机会呢？答案马上揭晓，如图9-5、表9-6所示。

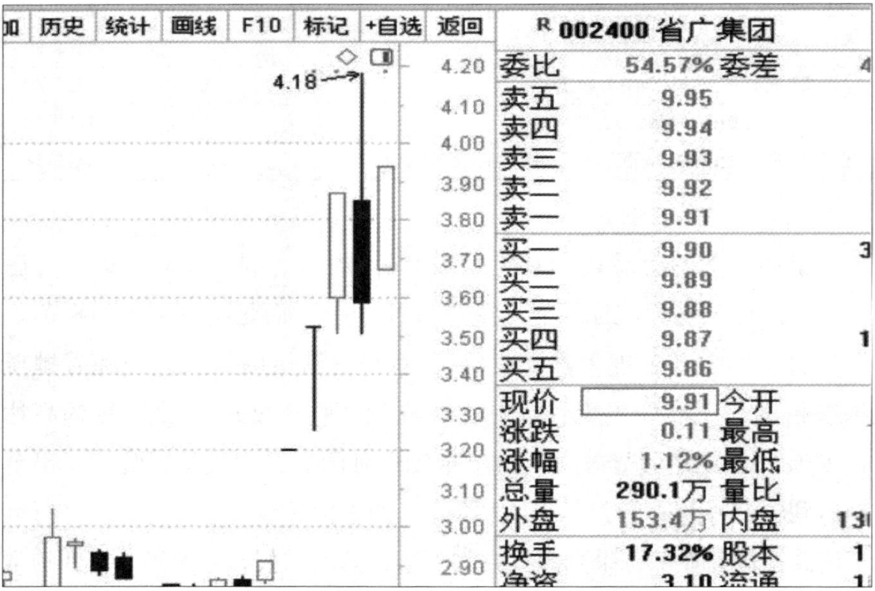


图9-5 2020年4月13日省广集团（002400）日线图

表9-6 2020年4月13日省广集团（002400）龙虎榜

【交易日期】2020-04-13 日换手率达20%
成交量：42621.00万股 成交金额：165605.00万元

| 买入金额排名前5名营业部 | | |
|---|---|---|
| 营业部名称 | 买入金额/万元 | 卖出金额/万元 |
| 华鑫证券有限责任公司湖州劳动路浙北金融中心证券营业部 | 4263.73 | 4.16 |
| 西藏东方财富证券股份有限公司拉萨东环路第二证券营业部 | 1670.45 | 867.47 |
| 华鑫证券有限责任公司泉州宝洲路证券营业部 | 1534.01 | 31.04 |
| 平安证券股份有限公司郑州金水东路证券营业部 | 1448.16 | 261.59 |
| 西藏东方财富证券股份有限公司拉萨团结路第二证券营业部 | 1448.02 | 2527.41 |
| 卖出金额排名前5名营业部 | | |
| 营业部名称 | 买入金额/万元 | 卖出金额/万元 |
| 机构专用 | — | 4311.25 |
| 中信证券股份有限公司上海瑞金南路证券营业部 | 1317.76 | 3602.50 |
| 西藏东方财富证券股份有限公司拉萨团结路第二证券营业部 | 1488.02 | 2527.41 |
| 机构专用 | — | 1970.70 |
| 华泰证券股份有限公司深圳深南大道证券营业部 | 538.19 | 1766.58 |

2020年4月14日，省广集团高开近3个点，随即秒速涨停，且牢牢封死全天，日K线以一个完美的阳包阴形态，宣告第四个涨停的成立。从晋级的角度看，这个4B比较牵强，涨幅没有达到4B的真正高度，但正因为牵强，后续或将打出6B，完成众望所归的5B空间。

2020年4月15日，省广集团涨停开盘，少许打开后，迅速封上，堂堂正正的4B量度涨幅成立，而且是自启动以来的第五个涨停板。那么接下来，第六个涨停也就是实至名归的5B，已经是呼之欲出。

2020年4月16日，一鼓作气的省广集团再次高开，在买盘的强力助推下，旋即涨停。7个交易日6个涨停板，以近乎完美的5B高度，让市场再次领略了猎资的风采，如图9-6所示。

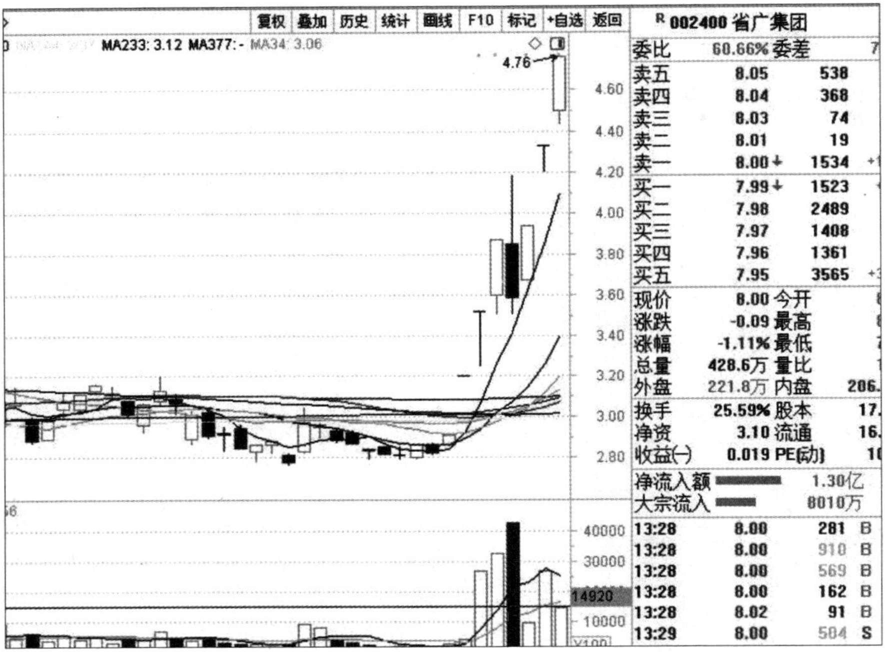


图9-6　2020年4月13日至4月16日省广集团（002400）日线图

在本书定稿过程（5月中旬）中，省广集团继续它的靓丽表演，股价已经逼近10元了，妖股的特征渐露狰狞，如图9-7所示。

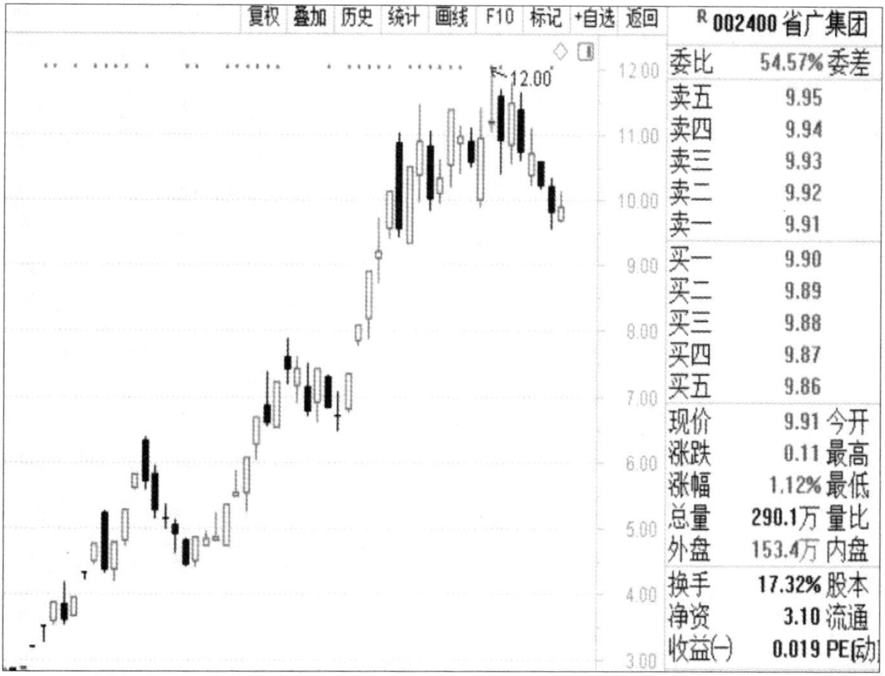


图9-7 2020年4月至5月省广集团（002400）日线

第十章

# 静若处子、动若脱兔：RSI相对强弱指标

第十章

# 静若处子、动若脱兔：RSI相对强弱指标

我们前文介绍了KDJ和MACD两大指标，本章重点介绍RSI指标。

该指标也是证券市场上应用最广泛、最有效的技术分析方法之一，被广大投资者所熟悉、所看重，它和KDJ、MACD一起，共同构建成了技术分析中的三驾马车，纵横驰骋，俊逸无双。如果投资者能对这三大指标做到融会贯通，运用自如的话，在股市中当可处于不败之地。

A股市场上有这样一种观点，认为证券投资是被动投资，与其每天主动出击，追涨杀跌，倒不如隐忍守候，伺机而动，只要一年中抓住几次机会，就能取得相当丰厚的收益。而RSI指标，则是这种潜伏的猎手。

让我们先看下2020年2月4日，RSI这个猎手不鸣则已，一鸣惊人的精彩的伏击战吧，如图10-1所示。

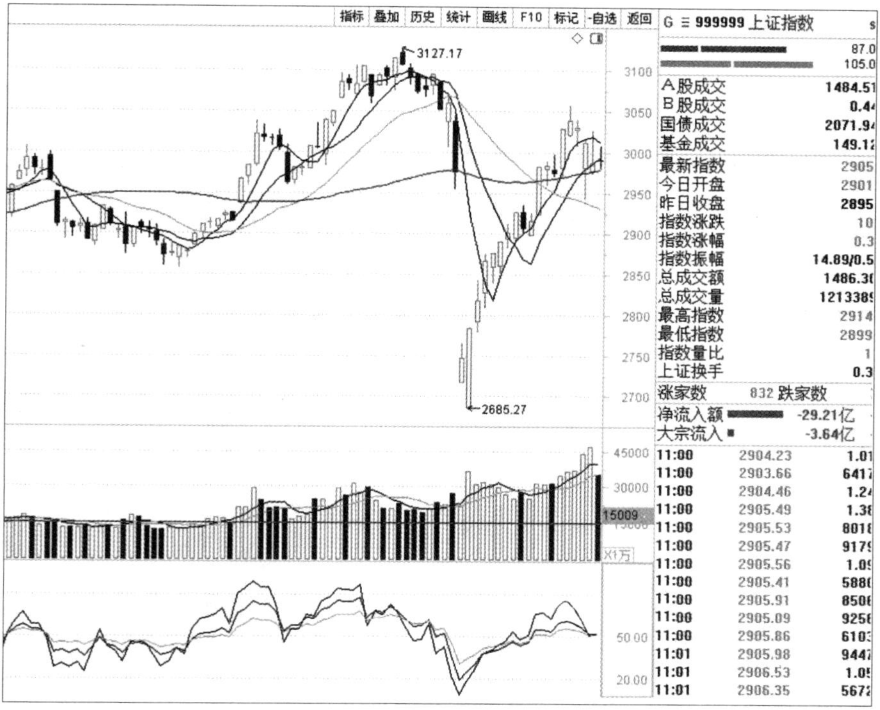


图10-1　2020年2月上证指数日线

这是2020年春节前后的沪市日K线图。图中巨大的缺口，看起来酷似股票的除权缺口，然而指数却没有除权之说。这是春节过后的第一个交易日——2月3日上证指数大幅跳空下挫留下的。这一天沪指下跌幅度为-229点，跌幅为-7.72%。

当时不断蔓延的疫情令A股连续下跌，市场一片风声鹤唳，投资者不知道底哪里，更担忧千股跌停的现象会连续出现，杯弓蛇影下的恐慌情绪迫使大家纷纷挂跌停板沽空。而此时，RSI指标却力排众议，率先并理性地发出了抄底的信号。

当天的RSI指标6日和12日值分别为8和18，这个数值非常罕见，沪市已经近7年没有出现过，显示出了严重超卖。上次这类情况的发生还要追溯到2013年6月25日，当时上证指数连续几日暴跌，从2334点跌至了1849点，RSI6指标出现了4.53的极值，随后就出现了反弹，并形成了一个中期底部。而这次，相似的一幕又出现了。依据RSI指标原理，一般情况下在20以下的数值都可以考虑买入，何况已经到了8.55？十年难遇的买入时机到了！

第二天股指顺势低开，RSI指标瞬间动态打到了7.4，历史经验告诉人们，不要再患得患失、胆怯犹豫了，用技术战胜恐惧，勇敢介入吧！果不其然，沪指一开盘，2685点的开盘价立刻就成了全天的最低点，买盘蜂拥而入，做多资金争先恐后，大盘就此一路走高，全日收出了近百点的大阳线，涨幅为1.34%。尔后的十几个交易日里再接再厉，累计大涨了400多点，投资者普遍获利20%以上，个别的高手动用融资等杠杆操作，取得了百分之百甚至更高的咂舌收益。

凭借着RSI指标的精准提示，勇敢出击的猎手们，在这次小规模的“战役”中挣得盘满钵溢，满载而归。

超卖的RSI指标还发出过多次的买入信号，我们列举如下，如图10-2所示。

图10-2　2013年6月上证指数日线

上图是2013年6月25日，沪指连续暴跌后，创下1849点新低时的情况。当时RSI指标连续三天在4.5左右徘徊，严重超卖，阶段性底部就此构筑成立。

2019年中还出现过一次机会，如图10-3所示。

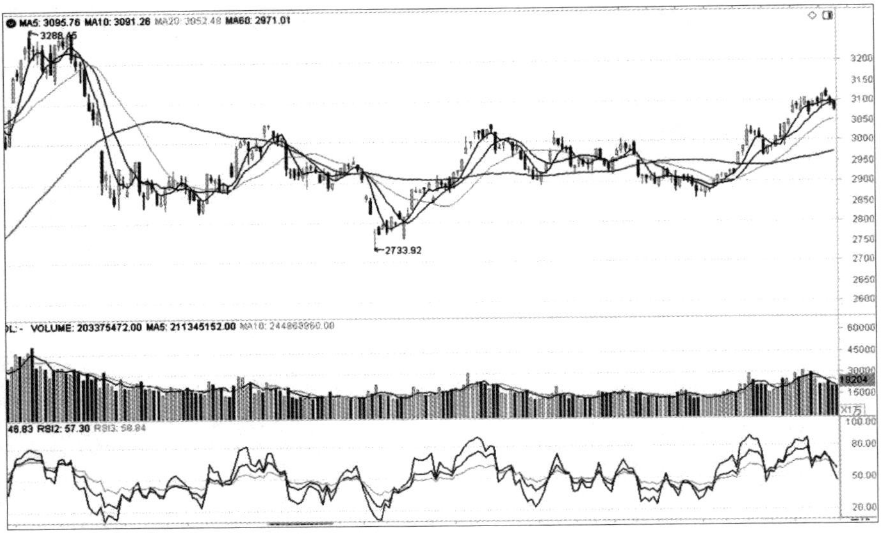


图10-3　2019年5月至12月上证指数日线

上图中最低的位置是2019年8月6日，沪指创下的近半年低点2733点，当日RSI指标6日为12，同样是在20以下的超卖区域，形成了下半年的重要低点。

更多的经典案例，我们限于篇幅，不再一一列举，请读者们自己归纳总结。

一些从事量化基金投资的朋友，可以根据该指标在20以下的不同数值，做相应的策略处理，如18以下、12以下、10以下等，去分批建立比例不同的头寸。

如果能配合乖离率（BIAS）使用，效果更佳（本书不对乖离率做专门的章节论述）。

乖离率和RSI有相通之处，只不过不同的是，乖离率是有正负之分的，正乖离率越大，则获利回吐的可能性越大；负乖离率越大，则空头回补的可能性越大。一般在弱势市场上，6 日乖离率达到+ 6 %以上时，为超买现象，是卖出时机；当其达到- 6 %以下时为超卖现象，是买入时机。而在强势市场上，6日乖离率达+ 8 %以上时为超买现象，是卖出的机会；而其达到–5%以下时为超卖现象，是买入的时机。前面所述的2020年2月3日，上证指数乖离率6日在–8.48%，也提示出了是极好的抄底良机。

我们同样列举历史上乖离率出现的几次罕见负值所带来的抄底机会，供大家参考。

自1990年开市以来，A股6日乖离率超过–10的，曾出现过三次：一次是1994年10月5日与6日，乖离率达到了–14.46和–16.53；一次是1996年12月16日和17日，乖离率达到了–14.06和–18.04；一次是2015年8月15日，乖离率为–14.84。这三次极端的数值，都触发了反弹或形成了阶段性的底部。

对期指投资者来说，每年能捕捉到几次乖离率在–5或者–8以下的机会，在“宽多严空”的期货市场上及时开仓做多，定会受益匪浅。

看完上面的几个案例，我们来详细了解一下RSI指标。

$$RSI=\frac{\text{N日内收盘涨幅的平均值}}{\text{N 日内收盘涨幅均值+N日内收盘跌幅均值}}\times 100\%$$

这个公式既可用于大盘，也适合个股。

这个指标的设计原理突出了价格变动的四个因素：上涨的天数、下跌的天数、上涨的幅度和下跌的幅度，因子多，所以预测结果就较为客观，准确度也较高。而且这个计算公式非常简单，没有太大的难度，易于理解和掌握。

另外也可以看出，RSI指标不是直接对股票的收盘价或股票市场指数进行平滑处理，而是先求出单个股票若干时刻的收盘价或整个指数若干时刻收盘指数的强弱，简单明了，与KDJ、MACD等指标有些不同。

在取值（天数）方面，RSI一般计算出6天、12天和24天的数值，大家在交易软件上看到的RSI（6,12,24）就是这个意思。

我们在平常分析时，只要看6日和12日即可，24天可以忽略。

RSI指标如图10-4所示。

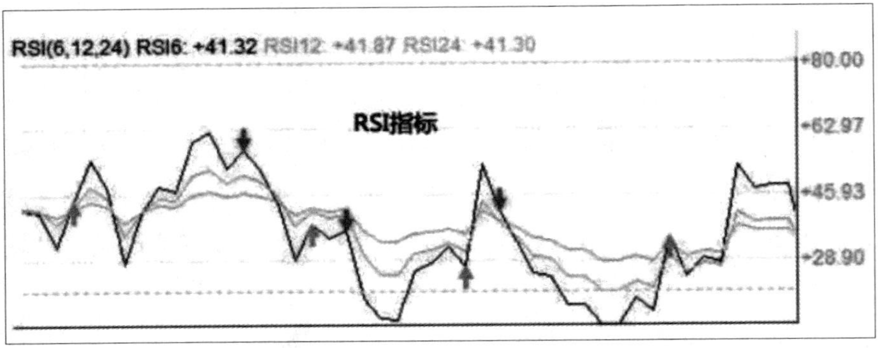


图10-4　RSI指标示意

该指标在0~100区间内变化，即0≤RSI≤100。50为强势市场与弱势市场分界点。通常情况下，RSI>80为超买区，市场回档的机会增加；RSI<20为超卖区，市势反弹或见底的机会增加。

正常情况下，该指标的变化范围多在30～70之间，其中又以40～60之间的机会较多，超过80或低于20的机会很少，但这就是伺机买入或者卖出的绝佳时机，如下表所示。

表 RSI指标强弱区域

| RSI值 | 市场特征 | 投资操作 |
|---|---|---|
| 80~100 | 极强 | 卖出 |
| 50~80 | 强 | 买入 |
| 20~50 | 弱 | 观望 |
| 0~20 | 极弱 | 买入 |

## 指标法则

（1）请认真揣摩RSI相对强弱指标中的“强弱”字眼：物极必反、过刚易折和阴阳转换。太强了就要考虑卖出，太弱了就要把握可能反转的机会，大道至简。

（2）RSI在具体应用上，采用了交叉、数值、形态和背离等多种判断方式。更多的时候，交叉与数值唇齿相依，搭配在一起使用。

（3）短期RSI值（黑线）在20以下，由下向上交叉虚线的长期RSI值时为买入信号（交叉与数值）。

（4）短期RSI值在80以上，由上向下交叉虚线的长期RSI值时为卖出信号。

（5）RSI上穿50分界线为买入信号，下破50分界线为卖出信号。

（6）短期RSI值由下向上突破50，代表股价已经转强。

（7）RSI值（6日，12日）在80以上进入超买区，股价随时可能形成短期回档。

（8）RSI值（6日，12日）在20以下进入超卖区，股价随时可能形成短期反弹。

（9）股价一波比一波高，而RSI一波比一波低。形成顶背离，行情可能反转下跌，但用RSI判断底部图形较不明显。

## 指标的具体应用

（1）判断顶部或底部：当RSI值上升至80以上或下跌至20以下时，往往意味着顶部或者底部的临近，即80以上的超买区有可能见顶回落，20以下的超卖区有可能触底反弹。换句话说，RSI值在80以上或20以下的转向，是市场趋势反转的强烈信号之一，如图10-5所示。

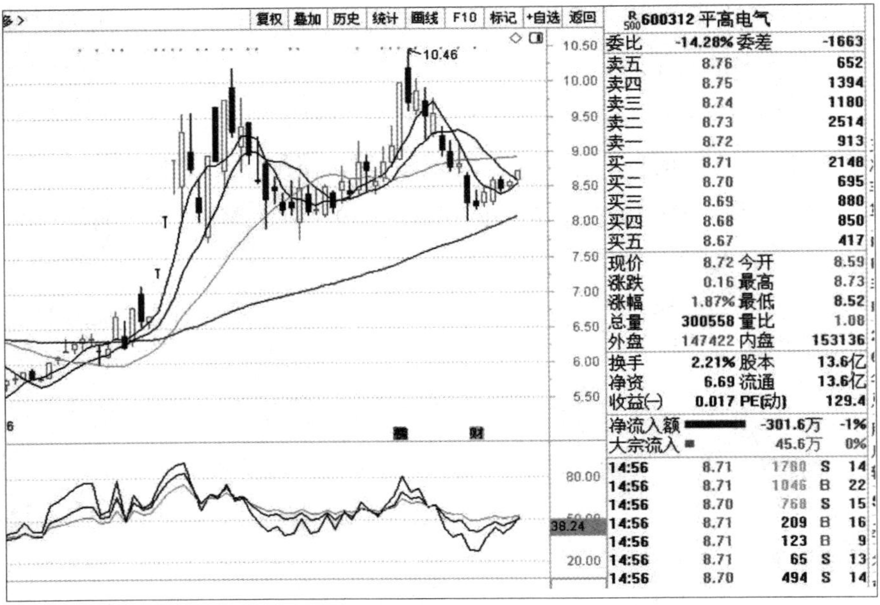


图10-5 2020年3月平高电气（600312）日线

这是2020年3月，特高压板块的领头羊平高电气（600312）的走势图。图中的两次高点，3月18日的10.20元与4月17日的二次冲顶的10.46元，RSI指标都打到了80以上的高位，如果依据该指标的信号原理进行抛空的话，无疑是精准的波段高手。

如果RSI已低于20，这或许是抢反弹的时机或许是底部建仓的机会，可考虑买入，如果有成交量连续萎缩做配合，则更佳，如图10-6所示。

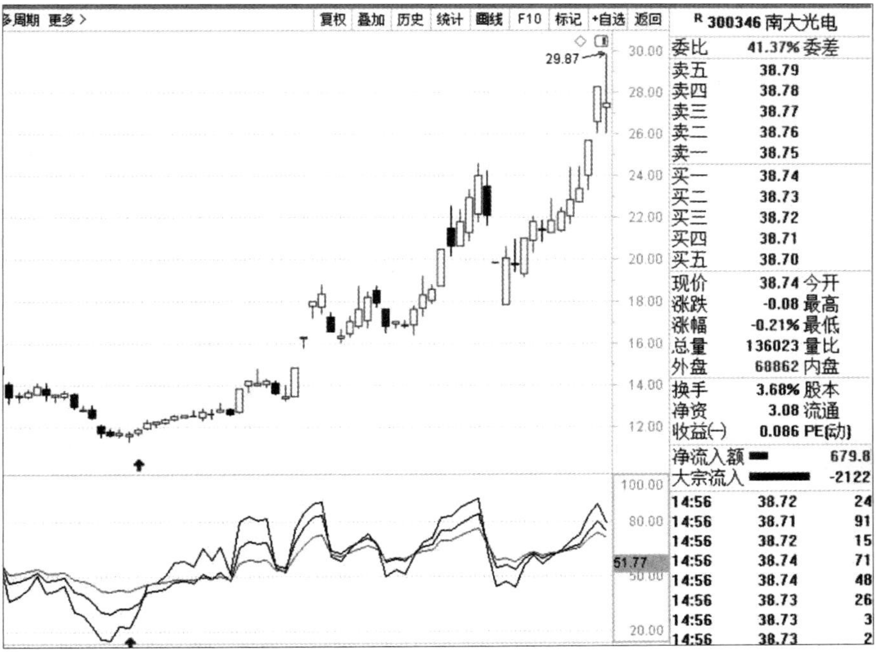


图10-6　2019年11月南大光电（300346）日线

这是光刻胶概念股龙二南大光电的日线走势（龙一是荣大感光）。图中光线标注处，是2019年11月25日与26日这两天，该股受打压连续下挫，RSI（6，12）指标接连两日跌破20，处于15.74、14.78的位置，成交量也同时出现萎缩的情况。如果按照跌破20即考虑买入的原理，则抓住了绝佳的进场时机。

（2）在多头行情中，RSI及时到达80以上仍然会有持续上涨的可能，这就是钝化现象，需要辅以移动平均线（5日或10日均线）等其他技术分析指标研判是否已到卖出时机，如图10-7所示。

图10-7　2018年贵州茅台（600519）日线

这是两市的明星股——贵州茅台2018年的日线走势。我们看到图中的几个高点出现时，RSI指标却没有同步创出新高，这就是钝化形象，背离现象。如果依据RSI指标和均线等进行卖出操作的话，会取得相当可观的波段差价。

第一个RSI指标钝化的高点是773元，之后回落到619元，回调幅度20%多。第二个高点是777元，RSI指标也出现钝化、背离，之后便回调到494元，将近300元的差价，30%多的回档，回撤幅度也相当惊人。

一些事后"诸葛亮"的观点认为，如果持有茅台一直不动，不被颠簸下去，那目前1400元（2020年6月，作者完稿时的价位）的高位，获利该何其丰厚啊！可是看看上图的走势，茅台从700多元跌到600多元，又跌到500元，最大30%的跌幅，哪个持股人能做到心静如水，不动如山呢？况且，许多股民是把家庭的婚娶、教育、医疗大部分资金甚至全部家当都投了进去，应急时必须套现出来，能安稳地看着股价来来回回、上上下下吗？真正有闲钱纯粹拿来投资股市的人有几个？而且，贵州茅台又一度面临着限制公款吃喝、年轻消费群体崇尚软饮料等利空消息的干扰……

因此，再好的股票，也不要死守不动，必要时高抛低吸，做足波段，放大收益才是明智之举。

（3）跌破20钝化以后同样如此。

（4）金叉和死叉：用快速和慢速两条RSI来确定买卖时机，如6天与12天RSI线。当6日线向上突破12日RSI线时，为买入时机；当6日RSI线向下跌破12日线时，为卖出时机。尤其当心处于30以下发出的买入信号或70以上发出的卖出信号极为可靠，如图10-8所示。

图10-8　2019年11月至2020年5月爱尔眼科（300015）日线

这是白马股爱尔眼科（300015）的日线走势。在2019年11月19日（图中左侧的高点）见顶47.75元回落时，RSI的6日线准确下穿了12日线，随后便出现了大幅下挫。但由于该股成长性较好，有长线资金持续关注，于是在年线34.20元处精准止跌，RSI的6日线上穿12日线，结束调整后继续震荡上行。

（5）需要说明的是，RSI的金叉死叉远不如KDJ、MACD信号强烈可靠，需要其他指标、图形、均线等进行辅助则效果更佳。

## 指标的背离

相对强弱指标的背离是指RSI指标的曲线的走势正好和股价K线图的走势方向正好相反，分为顶背离和底背离两种。和书中前文的KDJ、MACD的背离基本类似。

（1）顶背离。

指标RSI和股价都处于相对高位，这时候，股价又向上创出新高，但RSI却没有创出新高，这就是顶背离。该现象一般是股价在高位即将反转的信号，预示股价短期内即将下跌，需要卖出，如图10-9所示。

图10-9　2019年3月中天科技（600522)日线

这是中天科技（600522）在2019年3月的日线走势图（左侧）。当时股价从7元多迅速攀升，一口气拉到10元左右，有将近50%的升幅，后来一直横盘整理，在2020年4月18日突然大阳拉起，有洗盘结束、突破向上的迹象,一度诱使了不少跟风盘踊跃买入。但是RSI指标却没有同步创出新高，出现了顶背离的现象，提醒投资者这可能是一个假突破。果不其然，几天的诱多行情匆忙结束后，股价便一头向下。如果单从K线分析，似乎是再拉一波的做多行为，但是RSI指标，却给出了清晰的提示。

（2）底背离。

相对强弱指标的底背离一般是出现在20以下的低位区。当K线图上的股价一路下跌，形成一波比一波低的走势，而RSI线在低位却率先止跌企稳，形成一底比一底高的走势，就构成了底背离。底背离现象一般预示着股价短期内可能反弹，是买入的信号，如图10-10所示。

图10-10 2018年10月至2019年1月中小板综（399101）日线

上图是2018年10月至2019年1月中小板综（399101）的日线走势图。2019年1月4日，该指数创下了近5年的低点7112点（见图中提示），当时RSI指标为16.16，高于前面的指数低点7118点时的RSI值12.69，在指数创下了新低的情况下，而RSI指标却没有创下新低，这种背离的走势，预示着底部即将来临。后来在政策的配合下，7112点果真形成了阶段底部。这个图形也成为RSI指标在超卖区的W底的经典图形。

## 指标的缺憾

（1）RSI值在50附近波动时该指标往往失去参考价值。

RSI值在80和20左右有较重要的参考作用，但在40到60之间研判的作用并不大。实际运用中，对变动幅度较大且涨跌变动较频繁的个股，可将RSI参数设定得小一点，如把6日调整为3日；价格变动幅度较小且涨跌变动不频繁时，将RSI参数设定大一点，如把6日改为9日。

（2）指标钝化时，容易发出错误的操作信号。

在牛市和熊市中，RSI值升至80以上或降到20以下的情况时有发生，此定义为指标钝化。若依照该指标操作可能会出现失误，较早卖出则错过盈利机会，较早买入则被套住。

（3）RSI指标与股价的背离次数难以量化。

在研判指标背离时，究竟出现几次背离才能导致真正的反转，尚无明确的说法，是一次，还是两次、三次？在实际操作中较难把握，需要与其他技术分析方法配合使用。

第十一章

# 手有研报、心中不慌

第十一章

# 手有研报、心中不慌

前文我们简单讲述了股票的估值方法，一些知识水准不太高的投资者表示还是难以学习和掌握，那我们就把这个任务交给证券界的翘楚吧，他们撰写的研究报告可以帮大家解决这个头疼的问题。

研究报告是券商、基金等机构的研究人员深入到上市公司调研后，根据公司的现状与发展远景出具的具有投资评级的意见书。其历史最早应该溯源于1992年成立的申万研究所，这是申银万国证券公司的控股子公司，也是我国成立最早、具有独立法人资格的证券研究咨询机构。作为卖方，它为QFII、社保、基金公司等提供报告，供它们做买、卖参考，以赚取相应的费用。其内容多涉及宏观策略、行业研究及公司研究等，其中最主要的是公司研究。申万研究所开先河之后，其他券商陆续仿效跟进。

尽管1992年这类报告已经出道江湖，但在2001年以前的近10年中，这些卖方的咨询公司及报告对A股市场的影响力并不是很大，因为股民们更多的还是喜欢采纳一些股评人士的观点来作为买、卖股票的参考，以至于当时的市场上就屡屡出现诸如“这个股票名字就值50元”“主力就是题材”“炒股就是三板斧”等许多感性而有失严谨的观点来。

2001年以后，随着基金、保险、私募等机构投资者的壮大，大量学术派及海归金融人士的加盟，研究报告的重要程度与日俱增，今非昔比。许多科班出身的学子们担纲了基金经理、研究员等要职后，一改以往A股盛行的投机炒作风，转而重视价值投资。他们频频深入上市公司调研，在充分掌握了公司的生产经营情况、财务现状、发展前景等一手资料后，根据专业优势，建立估值模型，精心撰写出公司的研究报告，并在这些报告中列出买入、中性、卖出等各种评级，供投资者参考。

按道理说，这些高学历、高智商的研究员出具的实打实的研究报告，远比坐在屋里看K线，道听途说探听消息的炒股方式更靠谱些，但遗憾的是，由于A股熊长牛短的特性，以及部分股民急功近利的思维，许多人并不买账。有些股民认为研报既然发布了，股票就应该应声上涨，不涨就是无用，更有甚者认为研报是替机构出货时放烟雾弹打掩护的，是诱使散户接盘的——这种消极扭曲的看法，真有些捧着金饭碗要饭吃的感觉。要知道，这类内容扎实可信、论证严谨、估值合理的研究成果，很多都得到了机构投资者的认可，一旦有机构资金的介入，许多股票都会出现比较好的走势，中小投资者如果跟进的话，往往会取得相当可观的收益。它们在一段行情中或许比不上市场上的一些蹭热点的题材股，但是良好的业绩、合理的估值、稳健的走势，比一些暴涨暴跌的黑马股带给股民更多的安全感与稳定的收益。

## 研报出白马

我们来看一下2019年12月至2020年2月的捷佳伟创（300724）的走势，或许就能得出研报是否有用的答案，如图11-1所示。

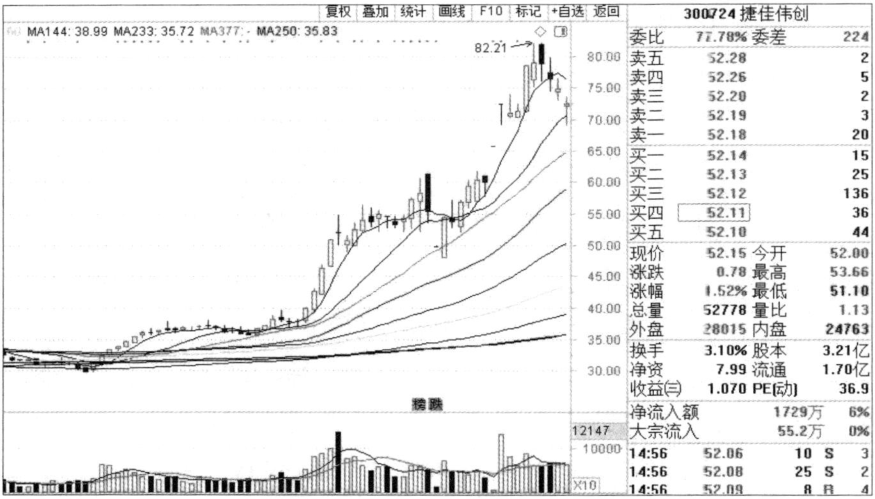


图 11-1　2019年12月捷佳伟创（300724）日线

该股在2019年12月，先后得到了多家券商的研究报告推荐，其中西南证券的研究员梁美美，国信证券的研究员方重寅、吴双，安信证券的研究员李哲、崔逸凡，以及东北证券的研究员刘军、朱宇航，都给予了“买入”评级。理由是订单饱满支持业绩增长、技术升级打开向上空间等。

“买入”与“强烈推荐”都是研究报告中较高的评级标准，意思是指未来3个月内股价将会有15%以上的涨幅，它不同于股评中的“翻番”“黑马”等评述，显得理智而谨慎。在多家研究报告的助力下，我们看到，捷佳伟创在12月开始发力，短短一个多月，从36元涨至最高82元，不逊色于任何一只黑马股。

我们再看吉宏股份（002803）2019年12月至2020年2月的日线走势，　如图11-2所示。

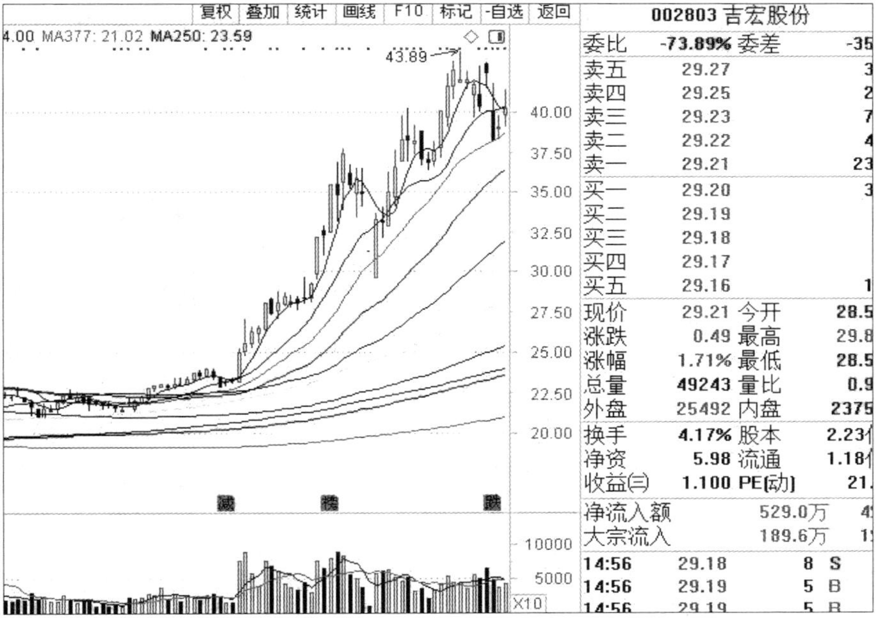


图11-2　2019年12月吉宏股份（002803）日线

该股是在2019年10月，得到三家券商的报告评级。其中国金证券的研究员袁艺博，东北证券的研究员唐凯给予了“买入”的评级，长城证券的研究员张潇、林彦宏则出具了“强烈推荐”的意见。报告发布后，该股股价一直蓄势，两个月后的12月，在大势的配合下开始发力，到2020年2月初，上涨到43元，离几个研究员推荐时23元左右的价位几近翻倍。

从以上两只股票可以看出，研究报告的推荐效果是相当不错的，这一方面归功于研究员本身的功底；另一方面则归功于研究员个人的影响力，尤其是一些金牌研究员，他们会影响身边几十亿元乃至上百亿元资金的动向，如果这些大资金相中研报推荐的个股，追捧下自然就推高了股价，尤其是A股市场上的一些白马股，更彰显了这类共振效果。

图11-3是市场上的大白马恒瑞医药的月线走势。

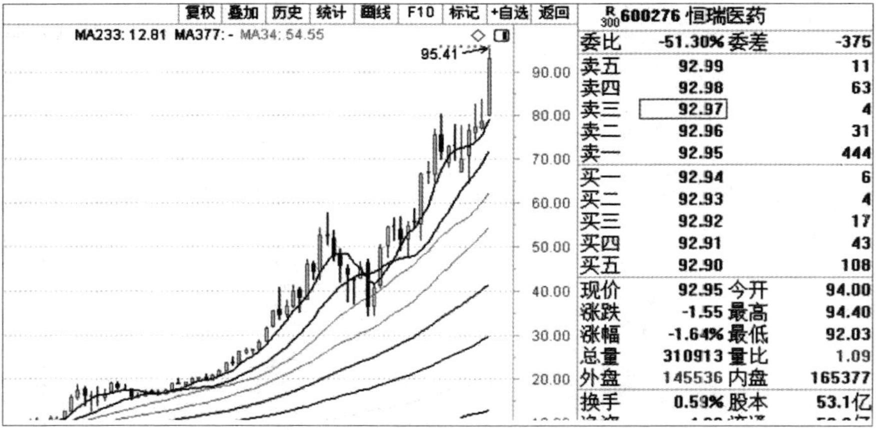


图11-3　2009—2019年恒瑞医药（600276)月线

2009年10月，招商证券的医药行业金牌研究员张明芳，对创新药龙头恒瑞医药（600276）出具了“10年20倍”的研究报告评级，语惊四座，胆识与魄力非同凡响。那么，此报告是否能一语成真，点石成金呢？我们看：该股从当年10月的6元（复权价）左右起步，一路缓步上扬，10年之后的2019年10月，股价令人惊骇地攀升到了90元，尽管没有完成20倍的评级目标，但是16倍左右的巨大涨幅，成为足以睥睨市场、穿越牛熊的一只超级白马股。

而查看公司资料发现，该股的股东榜里，前十大股东都是清一色的机构，个人投资者难觅踪影。这也再次说明，出色的研报虽然在中小投资者中应者寥寥，但却得到了机构的一致首肯与重仓持有，而这些大资金抱团取暖、轮番增持助推，也使得股价水涨船高，同时也彰显出了研报的较高分析水准。

2007年3月，中国平安（601318）登录A股市场，40多元的股价让许多偏好中低价股的中小散户望而却步，而当时东方证券的金融行业研究员王小罡却认为该股的价格仍然被低估，撰写发布了中国平安合理股价应为80元的研报观点。随后，王小罡又带着这篇逻辑清晰、论证严谨的深度报告，到北京进行路演，向在场的100多位基金经理阐述了该股的投资价值，该报告得到了大多数机构的认可。于是，在研报发布不久之后的2007年4月9日，中国平安以一根涨幅为7%的大阳线，宣告二级市场的王者归来。3个月后，股价即攀升到80元，在这个价位上，王小罡又推出了调高中国平安目标为120元的跟踪报告，认为方兴未艾、需求广阔的国内保险市场理应给予保险股更高、更合理的溢价空间。当年10月，随着股指上攻到6124点历史峰位，中国平安也创下了当年的最高价——149元，如图11-4所示。

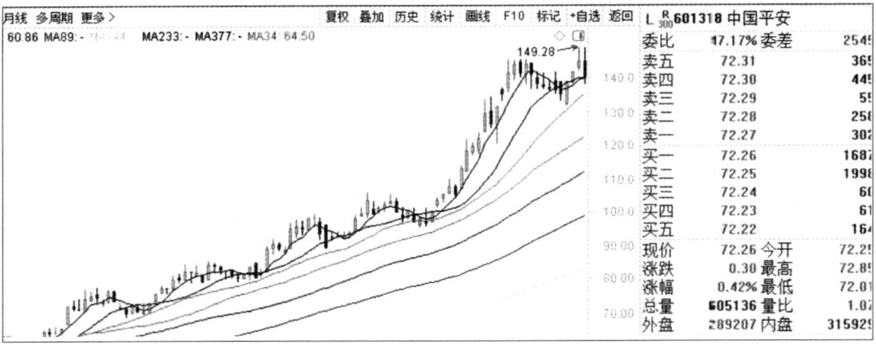


图11-4 2007中国平安（601318）日线

国内知名的证券咨询公司点掌财经，近些年统计了2011—2014年、2014—2017年和2017—2020年这三个时间段研报的表现情况。统计发现，研报在2017年以前错误较多，但2017年以后，随着A股投资风格的成熟化，以及机构力量的不断壮大，研报的准确率越来越高，研究员的分析能力也屡被市场认可验证。

但有一点令很多股民困惑的是，目前国内131家券商，有3225位研究员（注册分析师），每年要产出高达十万篇的研报，如比庞大的信息总量如何能做到高效辨别阅读？除此之外，许多投资新手还对专业性的描述感到头痛，无从分辨“买入评级”等。

## 去繁入简看研报

这些让大家觉得很高深的研报，其实可以去繁入简来阅读。目前研报的格式基本是：公司名称、研究员（分析师）名字、评级标准、投资要点（报告摘要）、内容综述、盈利预测、风险提示等。投资者若有时间、有专业度的话，最好能通篇看完，如果没有时间，可以先看第一页的提要、评级标准，然后看财务数据预测和估值，大抵就心中有数了。评级为“买入”“强烈推荐”的，自然可以考虑是否参与，评级为“中性”，则要慎重。

阅读时还要注意以下几点。

（1）报告里面的干货，如企业的实际产品数据，包括产品库存、产量、价格等，以及财务报表方面的数据，这基本都是实事求是的客观数字，投资者可以据此做出自己的判断。

（2）有的研究报告是应景之作，尤其是季报和事件点评报告等，投资者要分辨其推理的过程是否合理。

（3）如果一家上市公司长时间没有被券商的研报关注，那么这家公司很可能缺少行业竞争力，发展前景堪忧。

（4）由于上市公司的强烈抵触，目前研究员（分析师）一般不会对公司出具看空建议的报告，因此大家看到“中性”的评级时，就心知肚明了。

还有一种情况前面有所提及，就是有人担忧研报是配合庄家出货的，这种个例或许存在。大家在研读时，不妨多留意。如果只是一家机构在不停地鼓吹，而且股价在高位，那小心提防无大碍；如果是多家券商在推荐，那基本可以放心，毕竟，不是每个人都愿意为五斗米折腰的。有些金牌研究员，年薪百万元甚至千万元，有时获得一次奖项的第一名，奖金就有500万元之巨，是不会轻易把自己的名声和前途毁掉的，况且在监管日趋严格的今天。

至于抱怨研报内容冗长，估值晦涩难懂的投资者，则需要下力气去学习，去提高自己的水平了。天上不会轻易掉下馅饼，读研报都难以接受，那写研报呢？中信建投的行业研究员武超则是一名女研究员，又是英语专业，但却连续几年蝉联了“新财富”通信行业最佳分析师（研究员)第一名，专业跨度之大的“武则天”，所付出的努力可想而知，那么对于股民们，读研报还需要找借口放弃吗？

第十二章

# 波浪理论

第十二章

# 波浪理论

很多初学者都会对一些神奇的技术分析和预测感兴趣，因为他们认为，只有准确地预测出股市的高点和低点才是盈利的唯一办法。然而，这类武侠小说中的独门暗器在股市里是不存在的，大家最好丢弃这种幻想。如果不死心，一定要苦苦寻觅出这类未卜先知的股市绝技的话，我们只能向大家推荐：波浪理论。

前面我们曾说过，在所有的技术分析方法中，若论前瞻性、指导性、准确性而言，波浪理论当可排在首位。这个20世纪30年代由美国人艾略特发明的技术分析方法，经历了近90年的风雨，巨笔如椽般勾勒着金融帝国的波涛，俯瞰着华尔街的悲欢起落，历久弥新，迄今仍散发着令人仰慕的经典光辉。

有一句精彩的话来形容艾略特及他的波浪理论：艾略特为人类知识做出了一次重要贡献，波浪理论是描述股市的一种美妙的语言，它能帮助无数股民洞悉股市，是“市场行为的关键”。

那么，本章我们将详细阐述一下波浪理论的精髓。

在阐述之前，我们需要说明几点。

第一，介绍波浪理论的书籍汗牛充栋，数浪专家摩肩接踵，故本书不再做照搬抄录、画蛇添足之举，只是就其精髓做感悟补充。

第二，波浪理论主要用于对大盘的预测，对个股的预测准确度较弱。

第三，波浪理论是一种技术分析理论，只是一种理论、一种概率分析而已，并非真正的科学与严谨的数学原理，其目的也是用来指导操作。但有些股民本末倒置，喜欢展示自己的过人“才华”“天下第一”的水平，与他人雄辩，争高低分对错，借此贬低他人抬高自己，迷失了投资的本质与技术分析的意义。自然科学中有一些大智若愚的人，他们用发明创造为人类做出了伟大的贡献，而股市却充斥了不少“大愚若智”的人，通常误人误己。

第四，波浪理论虽然高屋建瓴，执技术分析方法牛耳，但也有些缺憾与不足，并非完美无缺。一些走势与形态，波浪理论难以做出合理解释。

如2008年，上证指数从6124点狂泻至1664点，如果按照波浪理论，应该出现ABC的三浪划分，但这个4500点幅度的直线下跌却很难区分出谁是A，谁是B和C。周K线可以解析为3~5型波浪结构。3~5型波浪结构是指主浪是3浪结构，子浪是5浪结构，具体的分解非常烦琐，在这里不做详述。如果照本宣科地把这个4500点的下跌划为大A浪，之后再产生大B浪反弹，那么随之而来的大C浪，会让中国股市跌到何处?

以2009年出现的针对1664点的反弹高点3478点而言，假设这是B浪反弹高点，那接下来的C浪杀跌，按照C=A的量度跌幅，3478－4500=?上证指数要跌到负数不成?

这也是在2008年年底，当时我并没有参考波浪理论，而是依据量度空间与百分比等技术分析方法，在上海一些地区做股评时明确的观点：1664点将是中国股市的一个重要的底部，大盘今后从这个位置开始的上涨，是反转而不是反弹，如图12–1所示。

图 12–1　2007—2008年上证指数月线

当然目前还有一种数浪法，认为6124点到1664点是大A浪，1664点到5178才是大B浪，目前仍在大C浪运行中，底部在1500点左右。对此观点大家今后可以验证。

又如2019年年底至2020年年初，沪深股市在逐渐消化了中美贸易摩擦的利空后，开始了年尾的震荡盘升行情。上证指数在2019年12月3号2857点企稳，然后逐步走高，到12月17日3039点出现回调，调整到2960点后，重新步入上涨，直到2020年1月14日3127点歇脚。K线图上，1、2、3浪似乎中规中矩，那么接下来将会有4浪回调，这也是最后5浪上升的买点，然而，疫情突然暴发，指数直接暴跌至2685点。1、2、3、4浪全部推翻，如图12–2所示。

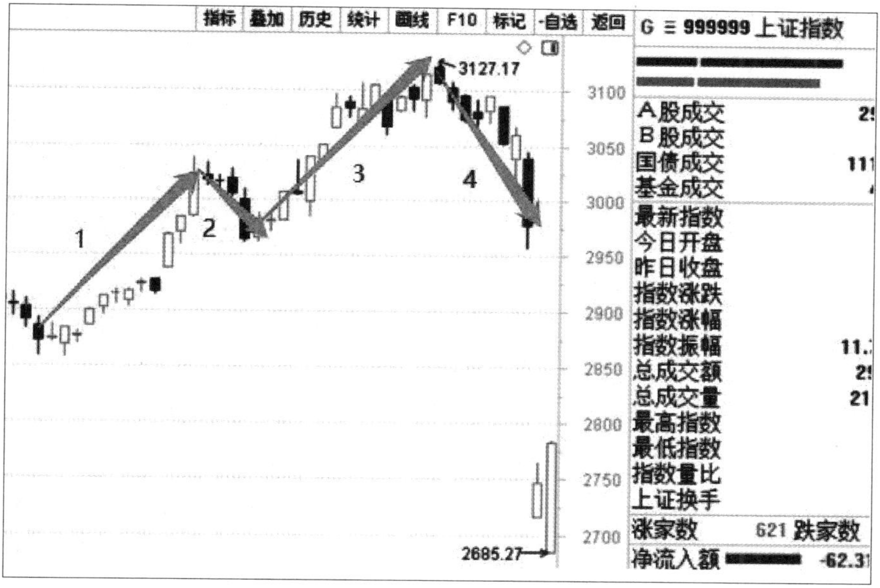


图12–2 2020年1月上证指数日线

有观点认为，是突发利空打乱了上涨节奏，波浪理论没有错。但这个说法不能成立，因为技术分析的三大法则之一就是市场的走势涵盖了一切，包括利空、利多。唯一的解释或许是：我们学艺不精。

从以上两个案例可以看出，波浪理论尽管独步天下，但也有美中不足、偶然失手的缺憾。但瑕不掩瑜，让我们还是抱着恭敬的态度，来领略这百年中最伟大的天才理论吧！

## 波浪理论起源

1871年7月28日，波浪理论发明者艾略特出生在美国堪萨斯州的玛丽斯维利镇。20岁时，他开始参加工作，供职于墨西哥的铁路公司，一共做过25年的会计，正是这个职业，使他掌握了非常丰富的数学知识，为后来创建波浪理论打下了坚实的基础。

1927年，由于疾病的原因，艾略特回国休养。本可以颐养晚年的他，却不想因为疾病而终止人生的后半场，总是想找一些有意义的事情做。于是，在几度尝试后，一生勤奋努力的发明者又投入到了证券市场的研究之中。

艾略特对股票的研究态度和他做会计工作时一样的细致入微、兢兢业业，为了摸索出证券市场可能存在的规律，他几乎完整地收集了美国证券市场70多年的资料，并对其认真总结归纳，除了年线、月线、日线的走势外，甚至是半小时线都加以详细研究。功夫不负有心人，到了1934年5月，研究终于有了大致的脉络与眉目，他发现，股价在看似无序的起伏中，总能以波浪的形态有规律地向前推进，并以不同的层次构成。于是惊喜中的他又花了大量的时间，将此规律进行详细论述推演，遂初步奠定了波浪理论原理。

1939年，艾略特在《金融世界》上发表了12篇文章来阐述这套日益成熟的理论。7年后的1946年，他完成了关于波浪理论的经典之作《自然法则——宇宙的奥秘》（*Nature`s Law——The Secret Of The Universe*）。这部著作不仅仅只是针对证券市场，而且也对人类发展活动的规律进行了涉猎探索，堪称是一部宏观巨著。

## 波浪理论的发展与完善

艾略特的波浪理论发表以后，很多投资者对此产生了浓厚兴趣，开始研究并尝试着去应用。一些投资者在学习使用过程中，也根据自己的感悟所得为波浪理论做了补充、完善与改良，最终为该理论的奠定做出了重要的贡献。

虽然是艾略特发明了该理论，但由于论述中存在着不少晦涩难懂的一面，普通人还是难以理解的，而且这套理论是否行之有效，也存在较大的变数，因此发布了很久也没有广泛传播开去。后来，一个名叫博尔顿的人看到了，喜出望外，在极度认同中一直坚持不停地研究并宣传，他于是成了该理论的发扬与公众化的重要人物之一。

1953年，也就是艾略特死后5年，博尔顿在一篇杂志中特意开办了《艾略特波浪副刊》，每年一次，连续举办了14期，从未间断过。1960年，他根据原理及自己的摸索，发表了《艾略特波浪理论——一份中肯的评价》一书。这是第一部关于波浪理论创始人艾略特的书籍，书中对波浪理论做了充分的肯定与褒扬，强调了该理论的天才成就及完全可以用于实证的观点。努力不懈的博尔顿以甘为人梯的高风亮节精神，使这一伟大的技术分析理论薪火相传。

此后的1977年，波浪理论的两位崇拜者普莱切特与弗罗斯特，又合作出版了《艾略特波浪理论》。这本书比艾略特的原著与博尔顿的著作更为实用，成了后人学习和研究波浪理论的权威之作。在这本书里，两位作者用大量的实证，对波浪理论做了完美的总结与诠释。更重要的是，作者本人也利用波浪理论作指导，在4个月的股票市场期权交易中取得了连续获利444.4%的骄人战绩，用真正的实盘操作验证了波浪理论的神奇，也由此把波浪理论的应用和发展推向了一个新的阶段。

A股市场上的许多股民，在刚入市时，对盘面中出现的上下起伏的分时走势很着迷，隐约觉得这是“波浪”，也觉得或许会有和这“波浪”相关的研判方法，后来发现果真有，于是就很自然地接受这个理论并尝试应用，这是波浪理论受众较多的原因之一。有的投资者在对该理论经过认真研究与总结后，把其中的5浪上升修改为7浪，下跌定义为5浪，来指导实际操作。这种天才的创意，无疑也是对波浪理论的发扬光大。

## 波浪理论的意义

与江恩理论和道氏理论相比，波浪理论的影响力是二者难以企及的。

江恩理论比较深奥难懂，一般人不容易掌握，而且进行系统化、规范化难度大；道氏理论包含了许多不确定性，它不做特定地、准确地预测，而只是指出了可能性，很多时候让人无所适从。波浪理论把它的原理设计成一套简单而固定的形态结构模式，不仅通俗易懂，而且使大部分人一上来就可以应用，并常常取得不错的效果。

其精妙还在于，它对市场具备了全局的统治力，使投资者能大体明白当前所处的位置，并对未来可能出现的顶部和底部提前预判，甚至于连具体的点位都能大致说出来，堪称神奇。因此说它是最伟大的技术分析方法，并不为过。

## 波浪理论的原理与释义

（1）波浪理论的基础——8浪循环。

（2）推动浪与调整浪。

（3）波浪的模式与等级的划分。

（4）波浪理论的数字基础——斐波那契数列和黄金分割率。

（5）波浪理论的基本原则。

（6）每段波浪的特性。

## 8浪循环

波浪理论是简易可学的，它不像数学一样有高深的微积分与多元函数等深奥的内容，原理公式相对简单明了，初学者和一些低学历的人都觉得比较容易掌握，因此广被大众接受喜爱。

该理论认为，市场走势是由8个波浪构成的周期，这8个波浪由5个上升浪和3个下跌浪组成，这个周期周而复始，永不间断地重复，构成了生生不息的生命大潮，概括如下。

股价的运动方式不是单纯的呈一条直线，而是如波浪起伏而变化的（这一点很容易引起共鸣，许多股民入市时，看到股价的涨跌都是如波涛般起伏的，因此很容易接受波浪理论）。

股价指数的上升和下跌将会交替进行。

推动浪和调整浪是价格波动两个最基本形态：推动浪（即与大市走向一致的波浪）可以再分割成5个小浪，一般用第1浪、第2浪、第3浪、第4浪、第5浪来表示；调整浪可以划分成3个小浪，通常用A浪、B

浪、C浪表示。

当一个完整的8波运动构成一个周期（5升3跌）后，这个周期便成为另一个更大级别的股市周期中的一部分。也就是说一个8波循环宣告完成后，走势将进入下一个大的8波浪循环。

时间的长短不会影响波浪的形态，因为市场一直会按照基本形态发展。波浪可以拉长，也可以缩细，但其基本形态永恒不变，如图12-3所示。

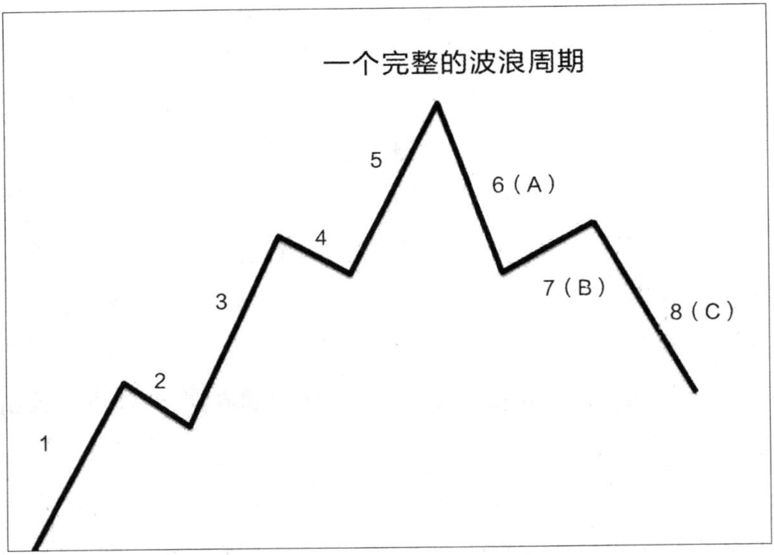


图12-3 完整的8浪形态

（1）上升5浪形态划分。

第1浪的上涨幅度不是很大，往往出现在熊市行情的末期，很像重病痊愈后的病人一种恢复，底部构筑特征明显。

极特殊的第1浪，受政策或者大利好刺激，在形态上呈V形反转，升幅较为可观。

第1浪之后的调整（第2浪）幅度通常较大，理论上可以回到第1浪的起点附近。

第2浪。这一浪是调整浪，由于市场人士误以为熊市尚未结束，其调整下跌的幅度相当大，几乎吃掉第1浪的升幅，当行情在此浪中跌至接近底部（第1浪起点）时，市场出现惜售心理，抛售压力逐渐衰竭，成交量也逐渐缩小时，第2浪调整才会宣告结束。

第3浪的涨势往往是最具爆发力的上升浪，这段行情持续的时间与幅度经常是最长的，成交量大幅上升，一些重要的阻力位非常轻易地被击穿越过。往往第3浪涨势强烈，会经常出现“延长波浪”的现象。

第4浪是行情大幅上升后的调整浪，通常以较复杂的形态出现，尤其以三角形较为多见。通常在第3浪中所衍生出来的较低一级的第4浪底部范围内结束。第4浪的底不会低于第1浪的顶。

在股市中第5浪的涨势通常小于第3浪，成交量及升幅相对也逊色，且经常出现失败的情况，除非发生扩延的情况。第5浪的上升经常是在指标出现顶背离，以及成交量缩减的情况下完成的。

图12-4是2019年年初，市场上10倍的大牛股东方通信（600776）近乎教科书般的5浪走势。需要说明的是，该股1浪的起始点并不是最低点3.7元，而是4.9元，有的划法是7元左右。读者们可以用黄金率去计算一下1浪的幅度、3浪的空间等，以加深理解与掌握，我们不再赘述。

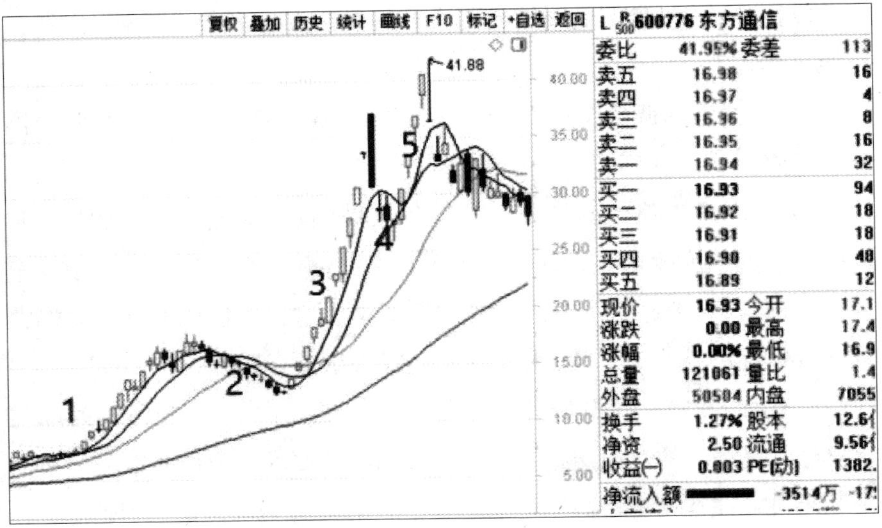


图12-4　东方通信（600776）的5浪上升

（2）下跌（调整）3浪A、B、C形态划分。

在A浪中，大多数投资者都认为上升行情尚未逆转，仅为一个回档现象。因此在乐观的情绪支配下，A浪有时出现平势调整或者“之”字形态运行。技术上，成交量与价格会相悖，技术指标如RSI、MACD也经常与走势发生背离。

B浪一般而言是多头的最后机会，因为随之而来的C浪杀跌将惨不忍睹。但它具有迷惑性，很容易让投资者误以为是另一波段的涨势，许多跟进的人在此惨遭套牢。

C浪是一段破坏力最大的下跌浪，跌势较为强劲，跌幅大，持续的时间较长久。

图12-5是2019年大牛股漫步者（002351）周线上的A、B、C回调走

势。从最高31元调整到最低14元。

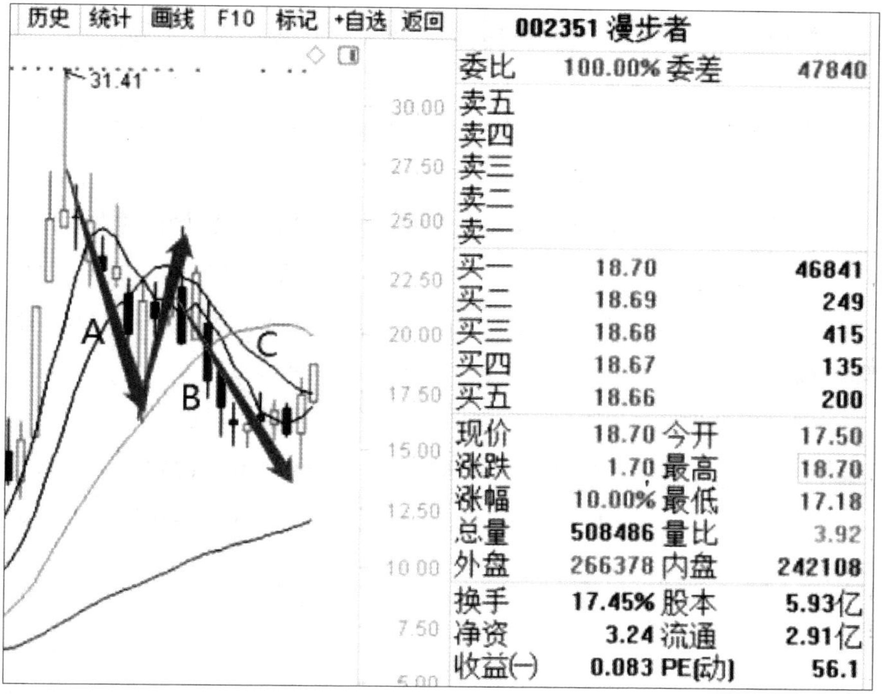


图12-5 漫步者（002351）周线

## 推动浪与调整浪

波浪理论把以5波结构进行驱动的模式叫作推动浪，通常在大牛市和大熊市出现。

推动浪有两个特性：趋势性与方向性；走势流畅。它们方向一致向前，比较容易认清和研判。

推动浪或者驱动浪总是与大一浪级同向运动，由五个浪组成，并被标上数字1、2、3、4、5。在5波的内部子浪特别是第3浪中最容易出现延长浪。技术派高手根据趋势，以高点和低点连线，画出一条上升或下降的通道线，只要通道线没有出现破坏现象，是可以持股的。

这是中国股市辉煌的2005—2007年，创下的6124点的里程碑。图中998点→6124点是一个大型浪的经典图形，中间998点→1757点→1541点→4336点→3564点→6124点是比较成型的子浪，运行周期共计28周，如图12-6所示。

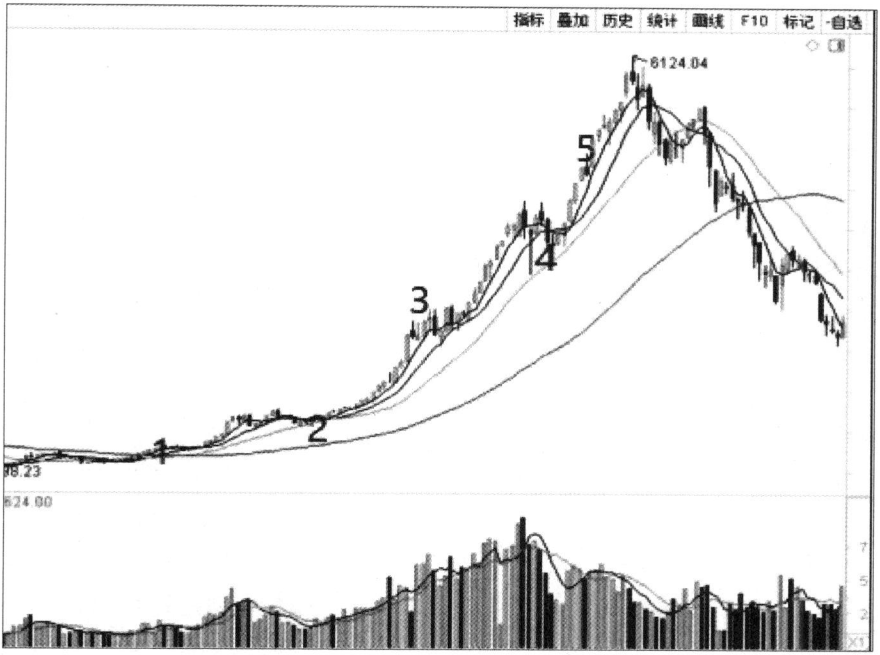


图12-6 上证指数998点→6124点的5浪

调整浪是相对于推动浪的概念。大家知道，推动浪的5波加上调整浪的3波回落共同组成了完整的8浪循环。因此，只要一提调整浪大家就应明白一点：调整浪是一个3波结构，用A、B、C表示。但调整浪实例中极其复杂，因此我们需要详细论述。

第一类，之字形调整（又称为锯齿形调整）。总的结构是5-3-5结构。即A浪下跌是5波，B浪反弹是3波，C浪下跌又是5波。这种调整浪的特点一般是回调较深。市场弱势较为明显。尤其是C浪，往往杀伤力非常巨大，如图12-7所示。

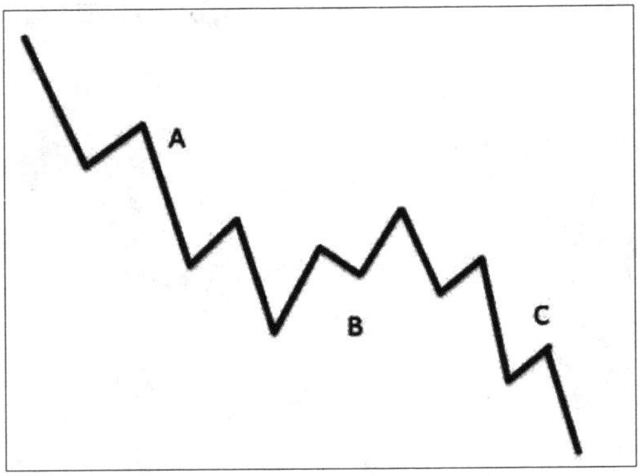


图12-7　锯齿形调整

第二类，平台形调整（又称为平坦形调整）。总的结构是3-3-5结构。即A浪下跌是3波，B浪反弹是3波，C浪下跌是5波。这种调整浪的特点是市场性较强，调整不会很深，如图12-8所示。

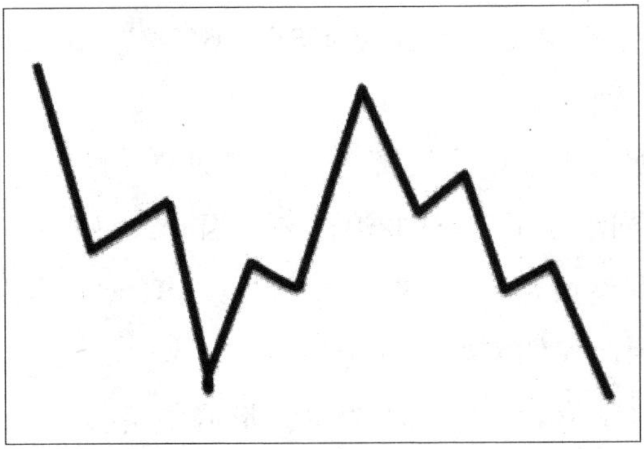

图12-8　平坦形调整

平台形调整又分为3种形态。

（1）规则形平台。即所谓“平顶稍破底”平台。A浪3波下跌之后，B浪三波反弹到几乎与前期高点相平的位置，然后C浪5波跌下来稍稍跌破A浪的低点，整个调整即宣告结束。

（2）不规则形平台。具体可分为A形和B形两种形态。

A型：扩张形平台。即所谓“穿顶破底”平台。A浪3波下跌之后，B浪3波反弹创出了A浪的新高，突破了A浪的起跌点，让人误以为是调整结束又一波升势的开始，但随后的C浪5波下跌又跌穿了A浪的低点，创出了调整的新低。这种是比较常见的平台形调整。C浪创新低的幅度要远大于B浪创新高的幅度。因此，这种平台形的C浪的杀伤力比较大。

B型：收缩形平台。即所谓“不穿顶不破底”平台。A浪3波下跌之后，B浪3波反弹没有到达前期高点，随后的C浪5波下跌也未跌破A浪的低点。这种平台形调整浪比较少见。

（3）移动形平台（又称为奔走形调整）。A浪3波下跌之后，B浪3波反弹非常猛烈强劲，突破A浪起点很多，随后的C浪5波下跌也很浅，甚至并未跌到A浪的起点。调整完成后又上涨了一些。这样的调整称为移动形平台调整。说明当时的市场是非常强势的。这种移动形平台出现的机会也比较小。

第三类，三角形调整。总的结构是五波3–3–3–3–3结构。用A–B–C–D–E来表示。三角形5波结构中的每一小波都是独立的3波结构。从形态上分类，三角形调整浪分为上升三角形、下降三角形、等腰三角形等。与道氏图形形态学分类方法类似。这里不再赘述。在三角形调整中成交量是不断缩小的。需要注意的是，三角形调整浪不会出现在第二浪里。

上升三角形如图12-9所示。

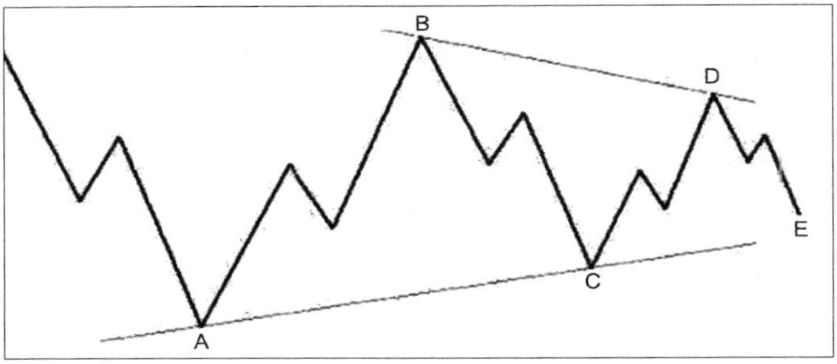


图12-9　上升三角形

下降三角形如图12-10所示。

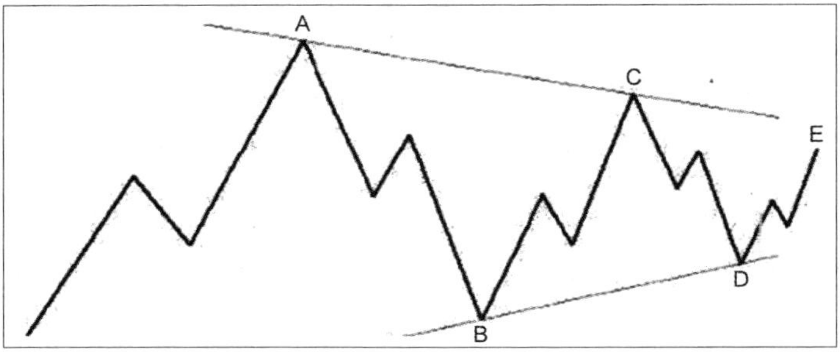


图12-10　下降三角形

第四类，双重三波和三重三波。以双重三为例，总的结构是A-B-C-X-A-B-C。即两个三波结构的调整浪并列，中间由X浪相连。X浪本身也是三波结构。三重三波结构是A-B-C-X-A-B-C-X-A-B-C，由三个三波结构的调整浪并列，中间有两个X浪将它们连接的调整浪结构。双重三和三重三调整说明市场处于箱体盘局之中，需要一定时间才能突破。

对于调整浪与推动浪的辨识程度，许多数浪的技术人士会发生争论，有的人认为调整浪复杂，推动浪简单，而有的人认为推动浪复杂，调整浪简单。

我的体会是，由于中国股市向来都是牛短熊长，所以调整浪更让人头疼，更复杂。每次推动浪的终结，也就是5浪的结束。我大体没有失手过，重要的顶部如2245点、6124点、3478点和5178点全部研判正确，但是调整浪尾声时的底部，如2005年的998点、2008年的1664点、2013年的1849点等，我都要慢半拍才能反应过来。

为此，许多有经验的数浪高手也避开了费心劳力的精准拿捏，转而采取了务实的方法：不逃顶，不抄底。因为完美的顶底有时候是可遇不可求的事情，与其殚精竭虑去摸索，不如退一步海阔天空。毕竟，浪形事后划分一目了然，事先难以判断谁的最正确，大不必脸红脖子粗争个你长我短。

这种态度落实到具体的研判与操作上，则是在推动浪开始时，先不马上定义反弹还是反转，观点圆滑一些：先看反弹，而不要轻言反转，然后用小反弹的级别与周期来指导操作。因为如果看反弹，投资者就会谨小慎微，能保住利润；如果看反转，就容易加大资金投入，增加风险。

2008年的1800点左右和2018年的2600点左右都出现了政策底，许多人都以为漫长的熊市终于结束了，反转要来了，于是迫不及待地冲进去，不料大盘又下跌了近10%，市场底才姗姗出现，过早杀入的投资者苦不堪言。

## 波浪的模式与等级的划分

波浪理论易学难精，突出的表现在于波浪等级的划分。如果想准确地辨别一段波浪的级别属性，不仅需要形态上的支持，而且需要对波浪运行的时间做出正确的判断。

该理论的基本原理之一是“时间的长短不会改变波浪的形态，因为市场仍会依照其基本的形态发展。波浪在其运行中可以拉长，亦可以缩短，但其根本的形态则永恒不变。”

根据上述理论，一个超级循环的波浪，与一个极短线的波浪（例如分时价格走势）比较，其基本的形态会依照一定的模式进行，分析的方法亦大同小异，不同之处在于涉及的波浪级数高低大小有异而已。

艾略特将股市运动中的波浪级数分为九级，通常而言，一个超级循环的波浪可包含数年甚至数十年的走势（如美国的牛市已经持续了十年）。至于微波和最细波，则属于短期的波浪，需要利用每小时走势图方能加以指认。艾略特在设计波浪理论时，不仅采纳了道氏理论的走势结构，而且以奇异数列所提供的自然模式描述了波浪的基本框架。

特大超级循环级（Grand Supercycle）。

超级循环级（Supercycle）。

循环级（Cycle）。

基本级（Primary）。

中型级（Intermediate）。

小型级（Minor）。

细级（Minute）。

微级（Minuette）。

次微级（Subminuette）。

波浪循环等级如下表所示。

表 波浪循环等级

| 波浪级数 | 推动波 | | | | | 修正波 | | |
|---|---|---|---|---|---|---|---|---|
| 超级循环浪 | I | II | III | IV | V | A | B | C |
| 大循环浪 | (I) | (II) | (III) | (IV) | (V) | (A) | (B) | (C) |
| 循环浪 | I | II | III | IV | V | A | B | C |
| 基本大浪 | ① | ② | ③ | ④ | ⑤ | a | b | c |
| 中型浪 | (1) | (2) | (3) | (4) | (5) | (a) | (b) | (c) |
| 小型浪 | 1 | 2 | 3 | 4 | 5 | (a) | (b) | (c) |
| 细浪 | i | ii | iii | iv | v | a | b | c |
| 微细浪 | 1 | 2 | 3 | 4 | 5 | a | b | c |
| 最细浪 | 1 | 2 | 3 | 4 | 5 | a | b | c |

注：以上九级浪可以互为分割次一级，并可合并为高一级的波浪。

如一个完整的升浪可以分割为1、2、3、4、5五个小浪，而1、2、3、4、5可以合并为高一级的上升浪。

再比如，一个完整的下跌浪可分割成a、b、c三个小浪，而这个(a)、(b)、(c)良可以合并成原浪a。一个不完整的下跌浪可以分割成1、2、3、4、5五个小浪，如图12-11所示。

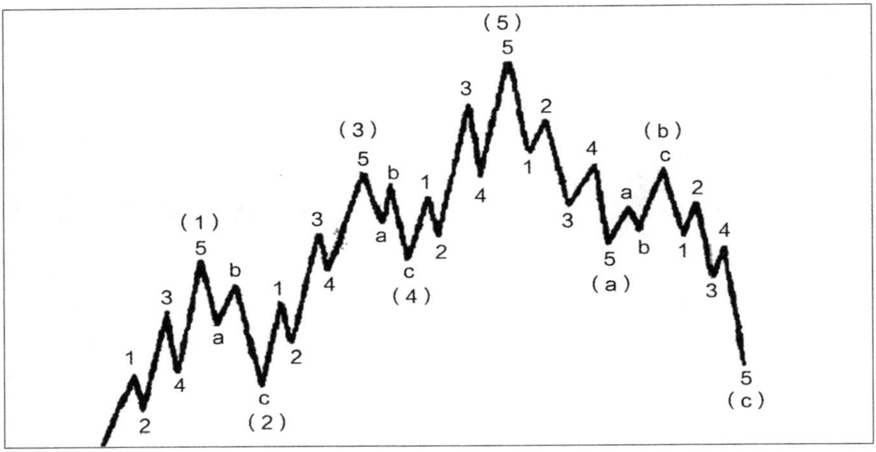


图12-11　理想的波浪循环

循环中的上升期由数字表示，而下跌期由字母表示。

1、2、3、4、5构成一段升势，其中1、3、5是上升的浪，2、4分别是对浪1及浪3的调整。a、b、c3个浪构成一段跌势，是对前面五个浪组成的升势的总调整。每个完整的循环都由这8个浪组成。

第一次8浪形态完成之后，接下来是又一个8浪循环，之后又是一个。3个循环均是五升三跌，形成上升的主趋势。其后便是三个向下为主的大浪，形态上便是五跌三升。

上图中这个完整的循环，(1)、(2)、(3)、(4)、(5)、(a)、(b)、(c)表示的细浪共计有34个。如果市场持续进行，更大层级的8波循环将会由细微的144个波动组成，再持续地细分下去，则完整周期中含有610个细波浪，2584个微波浪。

我们以2019年沪市的走势为例，来看浪型的级别，如图12-12所示。

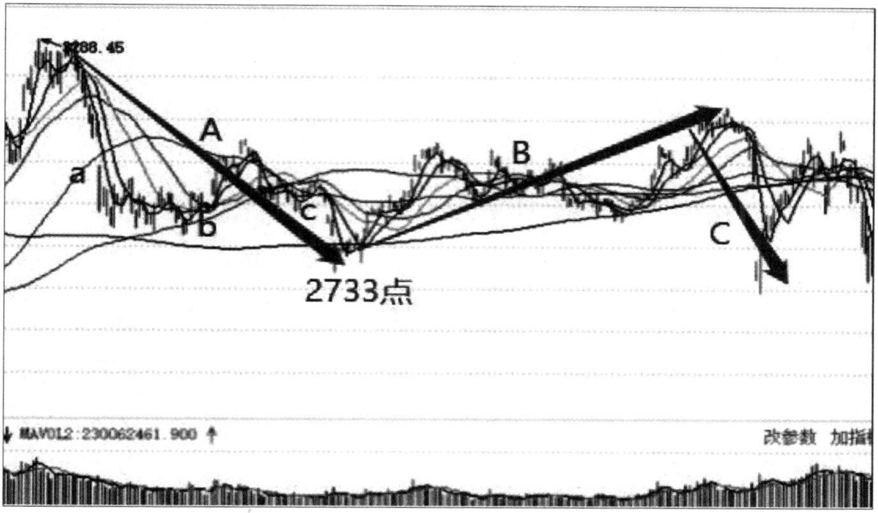


图12-12 2019—2020年上证指数日线浪型

2019年4月见顶3288点之后，指数日线走出了a、b、c三浪，其中c浪杀跌到8月6日的2733点，如果据此认为调整已经结束，涨势重启的话，显然会出现重大误判，因为之后相继出现了2685点和2646点等低点。这里的a、b、c(图中左侧的a、b、c3小浪）构成了A浪。

## 波浪理论的数学基础——斐波那契数列和黄金分割率

波浪理论的数学基础，就是意大利数学家斐波那契在13世纪发现的一组数列。该数列是黄金分割、黄金矩形、对数螺线的数学基础，不仅在证券市场中广为应用，在音乐、艺术、建筑中，也都有它们的神奇美丽的身影。这些比例既适用于价格，也适用于时间，只是在前一方面的应用更为可靠。

这组数列是1，1，2，3，5，8，13，21，34，55，89，144，233，377……以至于无穷。

这个数列有许多有趣的性质：任意两个相邻的数字之和，等于两者之后的那个数字。例如，3+5=8，5+8=13，往下依此类推。

除了开始的四个数字外，任意一个数字与相邻的后一个数字之比，均趋向于0.618。 例如，3／5=0.60，5／8=0.625，8／13=0.615，13／21=0.619，往下依此类推。上述比值都是围绕着0.618上下波动，越往后，波动幅度越小。

任意一个数字与相邻的前一个数字的比值约等于1.618或者说是0.618的倒数。例如13／8=1.625，21／13=1.615，34／21=1.619。数字越大，则相应的两种比数越接近0.618和1.618。

隔一个数字与相邻的两个数字的比值趋向于2.618或者是其倒数0.382。例如，13／34=0.382，34／13=2.615。

还有其他许多有趣的关系，读者们可以自己去摸索，尤其是一些数学天赋非常好的股民。但上述的几条是最重要的，也是最具效果的。

在斐波那契数列里，头4个数字的三个比数分别是1／1（100%），1／2（50%），以及2／3（67%）。所以50%回撤也是斐波那契比数。2/3回撤也一样（1/3回撤作为一个间隔斐波那契比数，也是艾略特理论中的一部分）。对先前趋势的完全回撤（100%）位置，也是重要的支撑或阻挡区。

需要说明的是，斐波那契只是重新“发现”了这个数列，该“发现”和哥伦布“发现”新大陆一样，充其量只不过是“找到”而已。这是因为古希腊和埃及的数学家们早已通晓0.618和0.382了。他们将1按照这两个比率进行划分，得出了自然界最和谐的比率——黄金分割。

在股市中，0.618和0.382这两个黄金分割数字同样也会给人一种稳定、踏实的均衡美感，股价通常也会在这两个位置上受到支撑和反压 。接下去，我们再把这两个数字分割、组合，得出0.191、0.382、0.5 0.618、0.809、1.919、1.382、1.618、1.809、2.000等一系列数字，这些数字也都成为神奇的支撑位和压力位。

利用这个黄金分割比率，可以划出黄金分割线，具体划法是以近期走势中重要的高点和低点之间的涨跌幅作为计量的基数，将原涨跌幅按0.236、0.382、0.5、0.618、0.809分割为5个黄金点，从而观察股价可能在这些黄金分割点上遇到暂时的阻力或支撑。

例如，3浪为1浪的1.618、2.618；2浪回调为1浪0.382、0.5、0.618；4浪回调为3浪的0.382、0.5；5浪为1～3浪的0.618（需要强调的是，在时间上同样呈现此原则）。

具体在测量上，如在推动浪中，如果3浪延长，那么1浪和5浪趋于一致。把1浪乘以1.618，然后，加到2浪的底点上，可以得出3浪的最低目标。

另外，把1浪乘以3.236（=2×1.618），然后分别加到1浪的顶点和底点上，大致就是5浪的最大和最小目标。

如果1浪和3浪大致相等，我们就预期5浪延长。其价格目标的估算方法是，先量出从1浪底点到3浪顶点的距离，再乘以1.618，最后把结果加到4浪的底点上。

上面讲的是涨升。接下来在调整比例中，时间基本为上涨浪的0.618，价格幅度一般在0.618、0.5、0.382和0.236。

在趋势初期阶段，回撤幅度多为0.618，如果回撤以平台形进行，则多为0.5；在趋势中期阶段，当趋势逐渐明显时，市场回撤0.618的概率开始下降，而是期待偏向于0.5的回调位。

如一只股票从100元涨到200元，那接下来的调整通常是回调到这个涨幅的一半位置，大概到150元，最小的回撤大约是33%（167元），最大的回撤约为66%，也就是2/3的位置（134元）。

如果调整浪是5-3-5锯形调整，那么c浪常常与a浪长度相等。c浪长度的另一种估算方法是，把a浪的长度乘以0.618，然后从a浪的底点减去所得的积。

在3-3-5平台形调整的情况下，b浪可能达到乃至超过a浪的顶点，那么，c浪长度约等于a浪长度的1.618倍。

在对称三角形中，每个后续浪都约等于前一浪的0.618倍。

（1）斐波那契百分比回撤。

按照百分比回撤原理，我们也可以估算出价格目标。在回撤分析中，最常用的百分比数是61.8%（通常近似为62%）、38%和50%。

波纳奇数列对上述数字稍有调整。在强劲的趋势下，最小回撤通常在38%上下。而在脆弱的趋势下，最大回撤百分比通常为62%。

但A股有了例外，998点至6124点的回撤，用百分比来测算，则是7/8的比例，突破了最大比值。即6124−998=5126，按照涨幅的百分比7/8计算，为1638点，如图12-13所示。

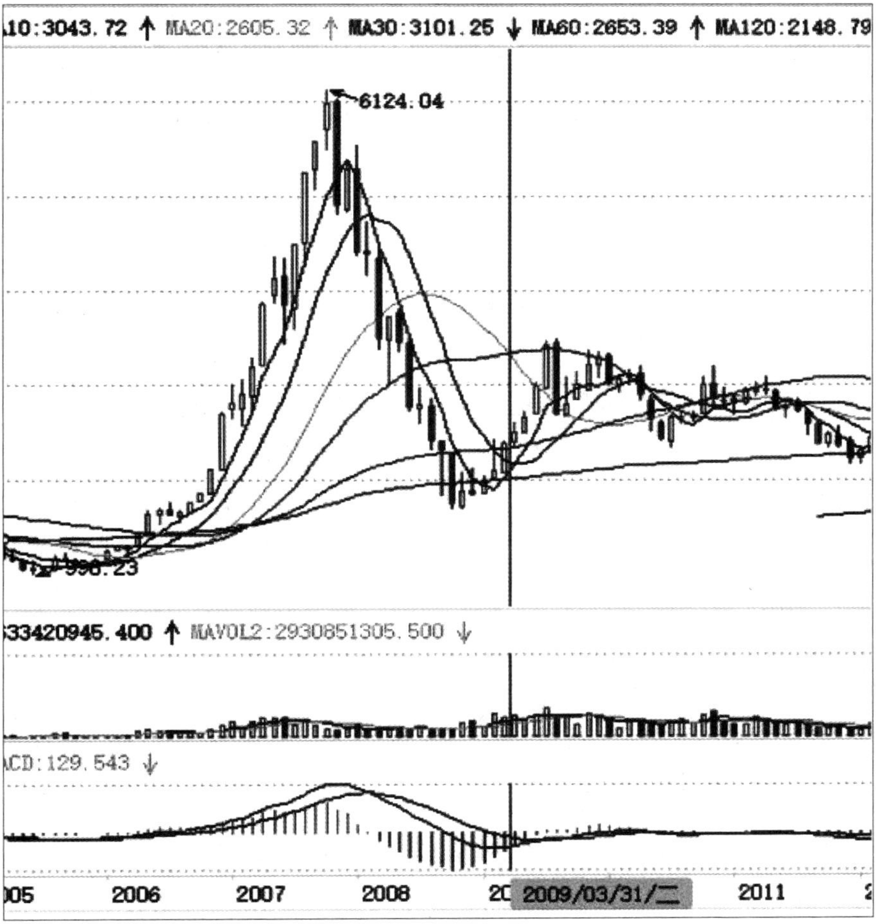


图12-13　上证指数6124~1664点月线

（2）斐波那契时间目标。

斐波那契时间目标是通过向未来数算显著的顶和底的位置而得出来的。

在日线图上，分析者从重要的转折点出发，向后数算到第13、第21、第34、第55或者第89个交易日，那么，预期未来的顶或底可能就出现在这些“菲波纳奇日”上。同理，在周线、月线，甚至年线上，我们都可以使用本方法。

## 波浪理论的基本原则

波浪理论的基本原则中最为著名的莫过于其三大铁律。

（1）2浪低点不小于1浪低点。可以把它理解成回调不创新低。也有人俗称“二不破一底”。如果市场在接下来的上冲中可以创新高，浪3不是最短。也就是说上升趋势已经展开，推动浪可能形成。如果接下来的回调最低点不会触及上一次上冲的最高点也就是浪1的最高点就形成了第三次的上冲（这叫浪5），那么一个推动浪形成了。

（2）4浪低点不小于2浪高点。

（3）3浪不是最小的一浪。

在波浪运动中各种形态往往交替出现，如果第3推动浪为延伸浪，那第5浪就不会再重复出现延伸的现象；如第2浪以简单的快速方式调整，那么第4浪就可能以复式的横盘方式调整，即简单与复杂、上升与下跌、推动与调整、规则与不规则。

以修正波为例。如2浪为锯齿，则4浪可能为平台形或三角形等，如果2浪出现了简单性调整，则4浪多以复杂的调整；如果2浪调整的时间很短，基本可以判断4浪调整的时间不会很短。我们可以用已知的去预知即将到来的，从而提高了操作胜算。

## 每段波浪的特性

第1浪刚开始时往往不被市场接受认可。当开始时，前期的趋势力量仍然十分强大，市场观望情绪很浓，做多(空)的意愿并不强，往往走势很慢，经过很长一段时间空间上才上涨（下跌）一小部分，经常被认为是对趋势的调整。

第2浪出现时常常被认为是重新回到了前期的趋中，在这样的市场认知中，2浪经常会回撤淹没1浪的大部分上涨（下跌）幅度，常见的回撤幅度为38%~62%。但是在短线操作上浪2很容易超过62%，但浪2不应该回撤完浪1的全部，也就是说，浪2的低点（高点）不会跌破浪1的低点（高点），这是铁律。

第3浪在上升浪中，是波浪理论的追随者硕果累累的投资机会，涨升迅速，回调时间短，幅度也很小。交易量通常是最重的，价格跳空也屡见不鲜。

第4浪通常是很明显的调整浪，价格波动幅度也很小，持续时间会很长，但不会比前期推动浪持续时间更长。

第5浪是驱动浪的最后一浪，在各种摆动指数上，多次出现了背离信号，警示市场可能出现顶部过程。

浪A。从这个波浪开始，行情开始了调整或宣告终结。浪A一般会被认为只是寻常的回撤。回撤幅度一般较小，但波浪的使用者都会高度警惕。在上升循环中，A浪的调整是紧随着第5浪而产生的，所以，市场上大多数人士会认为市势仍未逆转，毫无防备之心，只看作为一个短暂的调整。A浪的调整形态通常以两种形式出现，平坦形形态与三字形形态，它与B浪经常以交叉形式进行形态交换。

浪B。浪B是最难把握的，复杂而多变。有一定的盈利机会，但稍有不慎不能及时退出，也容易产生较大亏损。根据调整的所属类型，这一浪上冲或许会试探原先的高点（形成双重顶），甚至先越过前高点，然后才掉头向下，催生了建立新的空头头寸的第二个机会。此浪中，市场上大多数人仍未从牛市冲天的市道中醒悟过来，还以为上升尚未结束，可谓是多方的单相思。在图表上，成交量递减，有明显的价量背离现象。

浪C。B浪而后的是C浪，由于B浪使许多市场分析人士醒悟出多头行情已经结束，继续上涨的希望彻底破灭。所以，杀跌盘蜂拥而出，致使大盘开始全面下跌。此浪往往是杀伤力最强的调整浪，其子浪大多呈现出5浪结构，与3浪很相似，持续时间要比浪A要长很多。

## 用波浪理论测底

现在大家最关心的是，用波浪理论理论来测试分析一下，2015年5178点以来的调整何时结束，牛市何时到来？如图12-14所示。

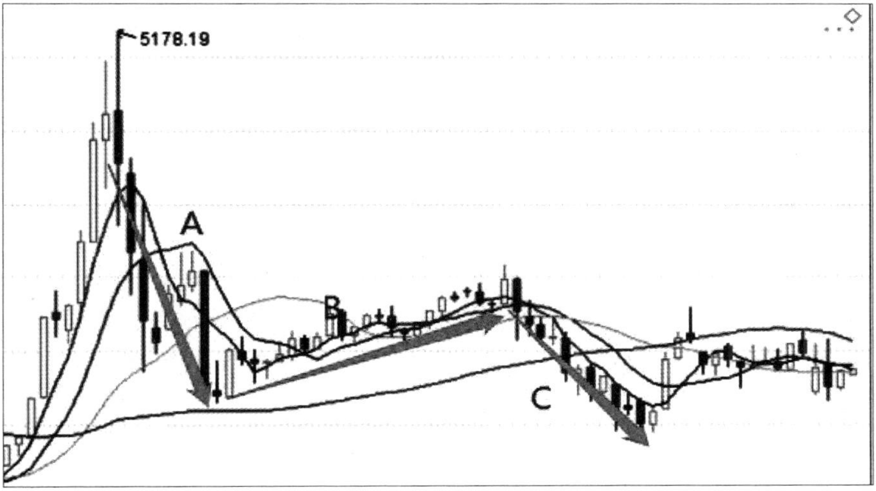


图12-14 上证指数5178~2440点浪型

上证指数自5178点开始，走出了明显的A、B、C三浪，其中5178点至2638点为A浪，2638点至3587点为B浪，3587点至2019年1月2440点位为C浪。乐观来看，2440点已宣告调整结束，市场等待的是第二只脚落地，从而迎来久违的牛市。

如果按照交替原则，A浪是a、b、c结构，中间的2638点至3587点或定义为X反弹，那么C浪也有可能是5浪结构，如果是5浪（1–2–3–4–5）的话，未来的C3或者C5将会击穿2440点。但这样推演下来，时间交替原则似乎不支持这种划法，其中的锯齿波与平坦波也并非经典完美，因此我更倾向于第一种观点，那就是5178点以来的调整在2019年1月4日的2440点已经终结，未来经过长时间的磨底之后，二次回踩成功（很有可能在2020年7月完成），牛市的号角将再次响起。

第十三章

# 懂一点财报

第十三章

# 懂一点财报

许多投资者尤其是价值投资者在筛选股票时，会把基本面放在首要位置，而财报则是重点关注的一项内容。一份优良的财报会使人对公司充满信心，糟糕的财报则会让人敬而远之。

众所周知的股神巴菲特，就是一位分析财报的高手，起初的他只是在美国一个经济不发达的三、四线小城市，仅依据企业公开的财务报表来进行投资而获得成功的。另一位投资大师罗杰斯对财报也青睐有加，他说："在投资上失败的人，正是那些连财务报告都没读完的人，因为他们没有看到投资成功和充分信息之间的相关性。"香港富豪李嘉诚也曾说过："我年轻的时候，最喜欢翻阅的是上市公司的年度报告书。"

A股市场上，在贵州茅台上一战成名的深圳私募基金经理但斌，也是在不停挖掘茅台财报的基础上，认真分析，再加以实地调研，从而取得骄人成绩的。一些长期持有长春高新、爱尔眼科、海螺水泥等长线白马的股民，也都是深耕财报的受益者。

财报中除了自有黄金屋外，还能让人避开一些上市公司制假作假所带来的风险与损失。

A股之前的琼民源（目前的中关村）、蓝田股份（已退市），包括目前的康美药业、康得新，以及海外上市的瑞幸咖啡等，都是财报虚增利润、制假造假的恶性代表，它们都给投资人造成了巨大伤害。尽管其造假功夫了得，手法隐秘，但还是逃不过一些财报达人的火眼金睛。琼民源在披露其业绩增幅1000多倍时，很快就受到了许多投资者的质疑，而水产养殖业的蓝田股份，在池塘里放“卫星”，净利润从0.593亿元快速增长到令人难以置信的4.32亿元，被中央财经大学刘姝威教授抓了现行。这说明，拥有对财报的解读分析能力，确实能发现一些造假的蛛丝马迹，从而避免投资时踩雷、触雷的事情发生。

因此有观点认为，财报不是用来选股票的，而是用来排除一些股票的，也就是说，有些财报看上去不错的公司，不一定值得去投资买入，但是糟糕的财报公司，一定要回避。所以，从增加赚钱和减少触雷的概率上，大家必须要懂一些财报。

二级市场上股民队伍庞杂，专业水平和认知能力参差不齐，对那些财会专业毕业的股民来说，看懂财报易如反掌，但对于更多的股民来讲，读懂吃透还是需要下一些功夫的。

上市公司财报包括年报、半年报与季报三类，其中信息最丰富、经过严格审计的是年报。这些报表分三大块：资产负债表、利润表、现金流量表。

## 资产负债表

资产负债表明显是用词不当，给人的第一感觉是公司欠债了，否则怎么会是负债表呢？它的英文名是Balance Sheet，中文翻译不严谨，应译为“资产负债均衡表”更明了，更能被人接受。这和“货币基金”一样，都属于当时翻译的后遗症，还有计算机的“鼠标”，不如翻译成“光标”更直观、更好听。

中国的会计核算是在1993年进行改革的，开始统一采用西方会计那一整套模式，因此资产负债表的名称也沿袭下来，它也叫财务状况表，表示企业在一定日期（通常为各会计期末）的财务状况（即资产、负债和业主权益的状况）的主要会计报表。

资产负债表可以全面反映该日期企业的资产、负债和所有者权益的数额及其构成，通过年末数和年初数的变化，反映各个项目的增、减变动情况。

资产负债表主要的参考价值，是展示了企业所控制的资源的多少。这些资源决定了企业持续经营和成长的能力。

资产负债表（见下表）包含的基本财务信息。

（1）企业的资产：某段时期资产的总额和结构，展示企业拥有或控制的资源和结果分布情况，有多少流动资产、有多少长期投资、有多少固定资产等。简言之就是指企业拥有的，并预期能使企业未来经营受益的经济资源，即“钱”和“能来钱的资源”。目前经济学界，对资产和资金的定义偏向于等同。

（2）企业的负债：某段时期的负债总额和结构，展示企业将来需要清偿的债务有多少，其中具体包括流动负债、长期负债，以及长期负债中有多少需要用当期流动资金进行偿还等。

（3）所有者权益：这是投资者比较关心的话题。它反映出企业所有者拥有的权益，据此判断资本保值、增值的情况和对负债的保障程度。

表 资产负债表

| 资产 | 期末余额 | 年初余额 | 负债和所有者权益（股东权益） | 期末余额 | 年初余额 |
|---|---|---|---|---|---|
| 流动资产合计 | | | 其他流动负债 | | |
| 非流动资产 | | | 流动负债合计 | | |
| 可供出售金融资产 | | | 非流动负债 | | |
| 持有至到期投资 | | | 长期借款 | | |
| 长期应收款 | | | 应付债券 | | |
| 长期股权投资 | | | 长期应付款 | | |
| 投资性房地产 | | | 专项应付款 | | |
| 固定资产 | | | 预计负债 | | |
| 在建工程 | | | 递延所得税负债 | | |
| 工程物资 | | | 其他非流动负债 | | |
| 固定资产清理 | | | 非流动负债合计 | | |
| 生产性生物资产 | | | 负债合计 | | |
| 油气资产 | | | 所有者权益（股东权益） | | |
| 无形资产 | | | 实收资本（股本） | | |
| 开发支出 | | | 资本公积 | | |
| 商誉 | | | 减：库存股 | | |
| 长期待摊费用 | | | 盈余公积 | | |
| 递延所得税资产 | | | 未分配利润 | | |
| 其他非流动资产 | | | （股东权益）合计 | | |
| 非流动资产合计 | | | 负债和所有者权益（股东权益） | | |
| 资产总计 | | | 总计 | | |

我们逐一分析，先看资产要素，具体包括以下几项。

流动资产。资产负债表分析公司的现金、各种存款、短期投资、各种应收应付款项、存货等。流动资产比往年提高，说明公司的支付能力与变现能力增强。

长期投资。分析一年期以上的投资，如公司控股、实施多元化经营等。长期投资的增加表明公司的成长前景看好。

固定资产。这个可以快速跳过。

无形资产。主要分析商标权、著作权、土地使用权、非专利技术、商誉、专利权等。商誉及其他无确指的无形资产，一般不予列账，但商誉如果是购入或合并时形成的，应登记入账并在规定期限内摊销完毕。

2018—2019年很多上市公司暴雷，大都是商誉造成的，这点不得不防。

负债方面，包括两项。

一是流动负债。各项流动负债应按实际发生额记账，分析的关键在于要避免遗漏，所有的负债均应在资产负债表中反映出来。

二是长期负债。包括长期借款、应付债券、长期应付款项等。由于长期负债的形态不同，因此，应注意分析、了解公司债权人的情况。

股东权益包括股本、资本公积、盈余公积和未分配利润4个方面。

获得这些必要的信息要素后，我们要对公司做详细的分析。

（1）流动资产变现能力的分析。主要采用应收账款周转率、存货周转率等相对比率和相对指标来进行分析。

（2）短期偿债能力的分析。主要采用流动比率、速动比率、现金比率、营运资金周转率等相对比率来进行分析。

（3）长期偿债能力分析。根据资产负债表项目，可利用固定资产与股本之比、流动负债与资本金之比、债务与有形资产净值之比等相对指标来。

应收账款。指企业在正常的经营过程中因销售商品、产品、提供劳务等业务，应向购买单位收取的款项，包括应由购买单位或接受劳务单位负担的税金、代购买方垫付的各种运杂费等。

应收账款根据账龄可以分为1年以内、1~3年、3年以上。静态来看，账龄长的款项数量越少越好。像贵州茅台，几乎没有应收账款。

如果企业的应收款大幅增长，增长幅度超过同期收入增长，应收款回款速度低于行业平均水平或呈明显下降趋势。那说明，企业回款越来越难了，利润要受影响了。

如果企业的应收款占收入比例较大，且有很大部分是一年以上的应收款。那要警惕公司收入的真实性。

其他应收款巨大，说明公司经营不够规范。

（1）货币资金包含现金、银行存款、其他货币资金、银行等金融类公司存放于中央银行法定存款准备金，以及存放中央银行超额存款准备金等。

货币资金余额比短期负债小很多，可能存在短期偿债危机。

定期存款很多，其他货币资金很多，说明流动资金严重缺乏。

（2）企业经营活动中相关资产。常见有应收票据、应收账款、预付账款、其他应收款、长期应收款、存货等

应收票据和账款可以理解为商品或服务已经出售，应该收回款项但买方无钱造成的欠款。区别是应收票据是银行的承兑汇票，由银行承诺兑现；应收账款是由企业开出，可信度低于应收票据。

预付账款是预付给供货单位的购货款。

存货是企业以出售为目的持有的商品，处在生产过程中的产品及相关的原材料。不仅仅是未卖出的产品。

（3）投资相关资产。上市公常见的投资相关资产包括交易性金融资产，持有至到期资产，可供出售金融资产，买入返售金融资产，以及长期股权投资和投资性房地产。

目前A股市场，许多公司交叉持股，可变现的金融资产很多。如大家熟知的广发三宝：中山公用（000685）、辽宁成大（600739）、吉林敖东（000623），就持有广发证券（000766）11%至21%等比例不同的

股份。

企业如果购买了其他公司的股票，由于会计方式的不同，会对企业的利润表产生很大的影响。只有将该项目纳入交易行金融资产类目下，公司股票价值的变动才会对企业的利润产生影响。

## 利润表

利润表可以看出企业的可持续发展能力，它体现了某段时间内，企业经营是赚或者是赔，赚了多少或者赔了多少的实际经营成果。

利润表我们主要分析看几条：企业利润的构成及主要来源；成本支出数额及成本支出的构成；企业的收益水平。

更多的人喜欢先看净利润，然后计算出每股收益，这确实是比较直观的、能反映公司利润的指标。但有一点要注意，基本每股收益是按照现有股本算，稀释每股收益是现有股本+潜在股本（期权、可转债等）计算。

另外，有些企业虽然在这一段时间利润很高，但其收入如果是通过变卖“家产”或者炒股等投资得来的，可持续性就比较差。所以我们要注重的，应该是扣除非经常性损益（也就是变卖“家产”、炒股等收益）后的扣非净利润。

这一点股民们必须注意，不要一看公司利润大幅增长，每股收益大幅提高就激动不已。

除了大家关注的每股收益和净利润，还有更多的数据值得关注。

其中重点之一是对公司的利润结构要有常识性的了解。

利润总额由主营业务利润、其他业务利润、期间费用（营业费

用、管理费用、财务费用之和）、投资收益和营业外收支净额构成。公式为

利润总额=主营业务利润+其他业务利润−期间费用+投资收益+营业外收支净额

首先作为企业，主营业务利润水平和比重代表着企业的创利能力，它是公司经营的核心目的。

其次，企业盈利的指标要看重：收入毛利率、收入利润率、总资产报酬率、净资产收益率、资产保值增值率。

这里主要谈收入毛利率。收入毛利率是收入毛利与营业收入净额之比。其中毛利等于营业收入净额扣除成本后的差额。其计算公式为

$$收入毛利率=\frac{主营业务收入-主营业务成本}{主营业务收入}$$

毛利水平反映了企业初始获利能力，它是企业实现利润总额的起点，可以表明对营业费用、管理费用、财务费用等期间费用的承受能力。正常情况下，毛利率越高越好。选择毛利率高的企业，通常更易轻松稳定获利。

大家看下贵州茅台（600519），它的毛利率达到了惊人的91%，还有恒瑞医药（600276），也在86%左右。

净资产收益率

净资产收益率又指所有者权益收益率或股东权益收益率，它是获得的净利润占所有者权益平均余额的百分比。其计算公式为：

$$净资产收益率=\frac{净利润}{所有者权益平均余额}$$

该指标反映所有者投资的获利能力，也反映出企业经营者对受托资

产的经营成果。

毛利率和净利率。这两个指标反映了公司的成本控制能力和盈利能力，对于同行业的公司进行比较而言很有意义

## 现金流量表

这个表将告诉我们，什么样的公司才值得投资？是现金流充沛的公司，而不是看起来盈利高的公司。

如果一家公司的现金流充分，即使亏损，也能活得很好，如亚马逊。现金流不行的公司，到期不能偿还债务，即使净资产很高，但也会被债权方要求破产。

企业的现金流量表分成三部分：筹资活动现金流（企业借钱及吸引股东投钱筹得的资金）、投资活动现金流和经营活动现金流。

现金流大部分来自主营业务收入，而不是非经常性的收入。经营活动现金流入表明企业经营正常，投资活动现金流出，表明企业正在扩张，而筹资活动现金流出，表明企业在还债或者给股东分红。

通过对现金流量表的阅读，可以看到企业的现金从哪里来，到哪里去，了解企业经营运作过程中产生和使用现金的情况，对于评估企业持续发展至关重要。

（1）经营活动产生的现金流量分析。

将销售商品、提供劳务收到的现金与购进商品、接受劳务付出的现金进行比较。比率大，说明企业的销售利润大，销售回款良好，创现能力强。

将销售商品、提供劳务收到的现金与经营活动流入的现金总额比

较，可大致说明企业产品销售现款占经营活动流入的现金的比重有多大。比重大，说明企业主营业务突出，营销状况良好。

将本期经营活动现金净流量与上期比较，增长率越高，说明企业成长性越好。

（2）投资活动产生的现金流量分析。当企业扩大规模或开发新的利润增长点时，需要大量的现金投入，投资活动产生的现金流入量补偿不了流出量，投资活动现金净流量为负数，但如果企业投资有效，将会在未来产生现金净流入用于偿还债务，创造收益，企业不会有偿债困难。因此，分析投资活动现金流量，应结合企业目前的投资项目进行，不能简单地以现金净流入还是净流出来论优劣。

（3）筹资活动产生的现金流量分析。一般来说，筹资活动产生的现金净流量越大，企业面临的偿债压力也越大，但如果现金净流入量主要来自企业吸收的权益性资本，则不会面临偿债压力，资金实力反而增强。因此，在分析时，可将吸收权益性资本收到的现金与筹资活动现金总流入比较，所占比重大，说明企业资金实力增强，财务风险降低。

经营活动、投资活动、筹资活动的现金净流量能反映企业的经营状况。如果公司经营状况正常，经营活动产生的现金流量应占主要部分；相反，要是投资活动产生的现金流量占有的比重大，表明公司主业处于萧条状态；要是筹资活动产生的现金流量大，要么是公司处于扩张期，要么是公司生计困难，借钱度日。

## 终审者：审计报告

我们在看完公司的财报后，最后也要留意看一下会计师对其出具的审计报告，他们是专业人士，对财报的分析解读更仔细、更客观，因此更具参考意义。

会计师们对公司的审计报告一般会出具四种意见：无保留意见、保留意见、否定意见和无法表示意见。

（1）无保留意见。

通常是指会计师进行审计工作时未受到限制，公司的财务报表业已依照一般公认会计原则编制，财务报表在所有重大方面按照适用的财务报告编制基础编制并实现公允反映。会计师就会出具这种审计报告。

在四种审计意见中，这是最好的一种，说明公司治理规范，表现良好。

（2）保留意见。

表示这家公司有些问题，但会计师不方便讲或者说会计师认为财务报表整体是公允的，但是存在着影响重大的错报。投资者看到这类意见，要警惕。

（3）否定意见：完全不及格，完全否定。

投资者若遇到这类公司，迅速撤离。

（4）无法表示意见。

意思是会计师难以给予正确的结论。说明会计师的审计范围受到了限制，且其可能产生的影响是重大而广泛的，会计师不能获取充分的审计证据。

投资者如果参考会计师以上的四点意见，就可以高效过滤掉一些公司：只有获得“无保留意见”这种审计报告的企业，才值得我们花时间去研究去投资。

当然有投资者说，一些造假的公司同样也被出具了“无保留意见”，如琼民源、银广夏、康美药业等，可还是让投资者遭受了巨大损失。这类公司毕竟是少数，大家不要因噎废食。而且，这类公司一旦东窗事发，不仅是公司，相关的事务所及人员也会受到严惩。

第十四章

# 真正的股神是你自己

第十四章

# 真正的股神是你自己

真正的股神是你自己，一个掌握了正确分析方法与操作技巧的人。

许多股民之所以亏损，并不是一些鸡汤理论所灌输的诸如优柔寡断、患得患失、恐惧、贪婪等所谓的性格弱点造成的，而是由于没有建立起一套适合自己的投资体系和交易模式导致的。由于没有这套行之有效的获利模型，很多人都被动地把买卖决定放在了每天的新闻公告上，被所谓的利好利空消息绑架，买进卖出，追涨杀跌，有的人则放弃了独立思考研究的能力，把预测分析完全交给一些股评，以求契合和指导。

每天的新闻消息固然重要，甚至会对股价造成剧烈的影响，但这种影响大都是短暂和脉冲性的，更多的时候，价值、趋势、技术会让你具备前瞻性的认识和方向性的把握，会引领你到达成功的彼岸；媒体上的股评可以参考借鉴，但是最终的买卖决定权在你手中，何况许多股评良莠不齐，误判错判屡有发生，据此操作反而会适得其反。

大凡成功的投资者，几乎都有这些共同点：

有成熟的交易模型与交易体系，如均线买入法、仓位占比法、盈利回撤比例控制等；有适合自己的操作风格，如价值投资还是短线为主；时常检验和完善交易系统；坚持自己对市场的敏锐判断，不随波逐流等。

那么，见贤思齐，股市中屡屡失意的投资者就应该向这些优秀的操盘手学习，精进研修，做一个孤独勤奋的股海求道者，建立起自己的投资体系；做自己的分析师和股评家，独立思考决断；求人不如求己，做自己的股神，去战胜市场，笑傲股海。

## 做孤独的求道者

许多股民还记得2007年5月30日，沪深股市出现的那次暴跌，时称5·30。当时沪市从2005年的998点起步，一路飙升到2007年的4335点，指数翻了4倍有余，几乎所有的个股都实现了数倍的涨幅。面对市场过热的炒作气氛，证监会于当年5月23日晚下发通知，加强对投资者“买者自负”的风险教育。当时在一家证券咨询公司供职的我，听到这个消息后，马上警觉到，一场调整乃至暴跌要来了。

因为1996年12月，面对同样过热的股市，管理层也通过媒体和各地的券商营业部，向广大投资者发布了“提示风险”的通告。通告发布后的大约一个星期，人民日报在1996年12月15日（周日）晚，发表了一篇针对股市的惊世骇论“正确认识当前股票市场”，同时，监管层宣布，股市从1996年12月16日（周一）起，正式实施幅度为10%的涨跌停板制度。结果，双箭齐发的监管猛药，当即重创了沪深股市，上证指数和深成指应声而落，遭遇近三个跌停板，个股也跟着三个跌停，有些个股七个跌停板，来不及出逃的股民被一网打尽。

前事不忘，后事之师。那么2007年5月，收到这份似曾相识的风险警示时，我的第一直觉就是要迅速清仓离场了。于是，我马上把建议上报给公司。然而，在集体讨论时，公司研究所的几位同事却一致反对我的意见，理由是在人民币升值主线未断，以人民币计价的资产都要重新评估，股改尚未完成等诸多利好因素未发生根本改变的前提下，股市上涨的逻辑也不会逆转，因此不应恐慌，千万不能一旦被蛇咬，十年怕井绳，要继续看多。

在几次争吵辩论无果后，少数服从多数，我让步。公司于是未做任何的减仓、清仓，仍然贯彻之前的操作思路和操作计划，继续持股待涨。几天后的5月30日，我担忧中的暴跌终于发生了，市场断头向下，从4335点一下子跌到3404点，近乎有1000点的跌幅，绝大部分个股都遭遇5个跌停板，1996年12月千股跌停的一幕再次出现。面对一片油绿的市场，我的几个同事都哑口无言，我也无话可说，后悔无济于事。通过这次暴跌事件，让我再次彻底领教了资本市场的残酷与风险，从此变得更加谨小慎微，如履薄冰。

幸运的是，由于不久后许多超级大蓝筹如建设银行、中国神华、中国石油等相继上市，大盘又踉踉跄跄爬了起来，许多个股也趁机复了失地，股指在众多权重股的裹挟下，迈过5·30的高点4335点，向6000点挺近。

4个多月后，上证指数创下了自开市以来的历史新高6124点。在接近6000点的时候，我预判行情真的要结束了，狼真的要来了。在审慎用各种模型反复确认这个即将爆炸的顶部后，我再次发表了大盘见顶的观点。但这一次，出于稳健，也为了找到同盟，我又陆续向一些同行征询意见，发现有的盘感极佳的朋友已经清仓退场了，而基金界的“大佬”，有“私募教父”之称的赵丹阳则更是早早提前清盘。他们的离场更坚定了我的判断。

让我记忆犹新的是当时在陆家嘴的一家高档酒店，我们一批业内人士争论的场景。那一天，不少上市公司高管、基金经理、券商研究员等朋友齐聚一堂，互致寒暄，研讨市场。大家觥筹交错，谈笑风生，都在热烈讨论着2008年奥运年，股指能站上哪个点位，是8000点还是10000点？我忧心忡忡地说，大盘马上要见顶了，我们不要再抱什么奢望了，狼要来了，都抓紧时间清仓，6099.8点牛市结束！此话一出，满座一片笑声。大家笑道，这么精准，连小数点都预测出来了？真是杞人忧天啊！外围的资金那么多，都要来中国股市投资，大盘是跌不下去的，即将上市的中石油会把指数打到8000点的，明年我们要站在珠峰上（8848点）看奥运……

令我终生难忘的是第二天到公司后，出现的痛彻心扉的乌龙操作事件。早上来到公司，我发出指令，让交易员把股票卖掉，全线清仓，做好休假的准备，至于休假地点，则在夏威夷和海南岛之间挑选。不料，下午接到公司命令，大盘没有问题，不要空仓，卖掉的再买回来。结果，按照指令刚接回来，即遭遇大盘暴跌，当天无法卖出，只好忍痛看着股价飘零直下。随后的几天中，幻想在反弹中走掉，但在大盘大跌的情况下，反弹终是无力，而且接单寥寥，随便几笔就可以砸到跌停，难以顺利出逃，之后股价跟随大势更是直坠而落，辛苦多时的牛市成果就这样毁于一旦。那一刻，我真有种天涯路尽的绝望，一种天下谁人能识君的沧桑与喟叹……

谚语说，一个人不可能被同一块石头绊倒两次，一个人不可能踏进同一条河流，但在2007年，我却做到了：我做到了对5·30暴跌的提前预测，但是没有逃脱；我做到了对6124点的准确判断，但也无法幸免。我是一年中两次挑战这个哲理的最愚蠢的人。

经过这两次刻骨铭心的经历教训，我终于领悟到了一句格言：股票是孤独者的世界，炒股是孤独者的游戏，如果没有敢于孤独且甘于孤独的勇气和能力，请远离股市。

那从今以后，就做自己孤独的事业吧！我的股票世界我做主。

紧接下就来到了2008年，一个国际资本市场的血雨腥风之年，金融海啸迎面袭来，巨人倒下，泡沫破灭。我和所有的投资者一起，都亲身历经了这场百年难遇的经济危机的考验与洗礼。万幸的是，劫波渡尽后，我们终于迎来了2009年的艳阳春——1664~3478点的小牛市。这一年，反思过后的我痛定思痛，下决心一定要坚持自我，不再怀疑，不再动摇，不再被他人左右，坚守孤独的戒条，按照自己的观点去分析操作，知行合一，让投资业绩来证明自身。恪守着这一理念，“单枪匹马”的我果真在2009全年的操作中大获成功，彻底扭转了先前数次功亏一篑的遗憾，成功逃顶，稳稳守住了牛市的丰硕战果！

迄今，我还觉得那还是非常清晰的一幕。

2009年7月29日上午，上升趋势良好、上涨势头不改的股指在平稳中开盘，然后一路走高，攀升到3454点，在消息面极其平静、没有任何暴跌征兆的前提下，我却在大家的诧异眼光中，在电脑键盘上输入了所有的卖空指令。结果没过10分钟，大盘就开始莫名其妙地急转直下，许多个股的盘面上也突然有大笔的抛单出现，有的股票瞬间就被打到跌停，大跌就这么奇怪地发生了。卖盘急剧涌出，各路资金纷纷出逃……至下午，沪指一度暴跌近300点（跌幅接近10%）。在跌了近290点的时候，我发现分时图已经严重超卖了，判断反抽将会出现，便大胆满仓进场抢反弹，当天即盈利近14%，随后又在第4个交易日后的另一个高点3478点二次出逃成功，空仓避过了后来800多点近30%的暴跌，全年实现了460%的投资收益。

在当时3478点的时候，媒体上几乎找不到一家看空的机构和个人的观点，而看高到3800点、4000点的评论很多。我周围也鲜有提前退场的朋友，不像2007年，还有不少人看穿了顶部。那一次，是我倍觉孤独但却自傲的一次胜利，深感到寂寞的美丽与荣光。

孤独者的收获还在延续着。5年后的2014—2015年的牛熊轮回中，我幸运地成为在2000点判断牛市来临，在5000点断言行情终结的一个神奇的预言者与赢家。

2014年夏季，A股经历了一轮漫长的调整后，从3478点阴跌到了2000点，无论是在时间周期上还是在动态估值上都到了临界点，物极必反，又一轮牛市即将奔涌而出！

当时，许多股民都被熊市折磨得心灰意冷，对牛市已失去了信心。因此，当我提出牛市即将来临的观点时，意料中的质疑嘲笑就不绝于耳。事实胜于雄辩，很快，两市中蛰伏之极的做多热情开始爆发，牛市呼啸而至，大盘在券商股的率先启动下，开启了扬眉吐气的牛市征程！我的判断再次被验证了。

回想起那时的场景，在各类媒体上提出牛市观点的似乎不到十个人，我只记得其中巴山蜀水的股市天才——天赢居（谢俊凯）和我观点类似，而业界，也只有国泰君安的研究员任泽平在孤独地喊着牛市来了。对于券商和基金的人士而言，一般是非常忌惮说出具体的点位的，一是怕错，二是向来没有比较有效的预测模型，三是通常只说估值高了、低了、风险加剧等模棱两可的套话。而“任千万”在2000点看多，在5000点看空，实属精准无比的一次预测。

这波牛市运行了接近13个月后，在2015年6月，沪指抵达了4900点上方。这时候，我预判行情要临近尾声了，于是开始转变多头策略，转而看空，并通知公司员工用电话、微信、邮件等各种方式向客户不断发出警示。与此同时，也向我担任顾问的几家机构出具了操作建议：二级市场全部清空，然后用部分赢利资金在期指上坚决开空单，如果市场如期下跌，马上追加头寸，把平仓点位设在3478点；如果方向判断失误，股指反身向上，则不要止损，任凭爆仓，大不了只是损失牛市的一部分利润而已。但这几家机构在开会反复讨论了我的建议后，均不认可市场会回踩3478点的观点，没有接受我在现货期指双重操作的提议。

更多反驳我的人的理由也十足：有的从K线角度分析，认为周线月线非常安全，尚未看出有趋势逆转的苗头；有的从资金供给角度出发，认为市场资金充沛，无须担忧；有的波浪“大师”则嘲笑我的波浪理论是体育老师教的，数浪数错了……

在这又一次孤独地坚持看空的时候，我态度异常坚定，而且觉得很有必要去中央电视台或者第一财经电视做一次股评，向满眼看多的人发出危险来临的声音，哪怕这次我真的看错了方向。于是联系了第一财经的一位女编辑，但奇怪的是她始终不给我答复，不说可以去，也不说不可以去。有的人做事就是这样，对别人所求之事，推诿拖延。无奈中我只好作罢。但欣慰的是，我每周六在黄浦区的淮海路开讲座，有不少人去听讲，这样就使得许多听信我的人大都躲过了一劫。当时我对参会的人只有一句近乎命令的话：“下周全部清仓!继续清仓！”但讲座毕竟规模小，听众人数有限，受益的人也有限，所以现在我常常回想起来，仍觉得稍有些遗憾：如果当时真能去电视台阐述一下观点，或许能让更多的人避免财产损失与情绪的重创。

我预警发出后不到两个星期，即2015年6月中旬，大盘在5178点见顶下杀，史无前例的千股跌停、外加千股停牌的奇观出现了！虽然那场暴跌的幅度要远逊色于2008年，甚至不如1993年，但下跌的速度、斜率却前所未有，大部分个股短时间就抹去了60%的涨幅，不仅让新股民心惊胆战，就连许多久经风浪的老股民都看得目瞪口呆！一个在我苦苦劝说下终于清仓的朱姓股民，心有余悸对我说："如果我老朱不逃出来，我的200万元恐怕最多剩70万元了，感谢戴老师。这波行情，全国的股评家，只有两个人看对了大势，一个是李大霄，另一个就是戴华珂！"

我对他说："忽视自身的水平和能力，自己不做分析判断，把决策和希望都寄托在股评上，这是许多人的错误所在。你可以看看周围的人，一些有经验的老股民、民间高手在这波行情中都已经赚到跑掉了。真正的高手在民间，而不是我们这些在电视上做马后炮的分析人士；真正的股评家是你自己，一个对基本面和技术面都了解通透的人！请你以后多提高自己的水准，自立自强，平平淡淡地去看待股评。"

## 平平淡淡看股评

上海人民广播电台第一财经《今日证券》的主持人晓鹿女士，每次见我都很客气地打招呼：股评家好。对于这个称谓，我并不是特别能接受和喜欢。因为早在2000年左右，有一家调研机构对社会上的各种职业做过一次调查，结果吃惊地发现，股评家的声誉排名特别靠后，这可真是让人啼笑皆非的结局。个中理由或许很复杂，但如果排除其恶作剧的促狭因素，这足以说明，股评家是个吃力不讨好的高危行业。

对此深有感触的是一次亲身的经历。那时我去南京做一场股评报告，报告结束后，一个大腹便便的男士上来和我握手。他先寒暄了几句，然后大声说："我对股评有一些意见和看法，想和您谈谈。"我说："非常欢迎您提出宝贵的意见。"

他说："第一，股评套话太多，比如估值合理、用长线的眼光看待市场、洗洗更健康、下跌空间有限等，这些指导性、操作性都不强；第二，有些做股评的人形象太差，以后电视台能否请一些形象好，高水准的人来？第三，在关键点位有些股评经常出错，甚至是反向指标，究竟是故意误导还是水平问题？”他说话的时候，语气非常亢奋，咄咄逼人。

我笑笑说：“感谢您的坦诚。您的建议我会向电视台转告。针对您的问题我想讲几句话。”

第一，现在大多数股评不存在恶意的误导之说。以前或许有这种现象，有庄家想出货，于是借用股评家的荐股来达到目的，但是现在很少了。原因有三：一是法律越来越健全，一旦发现这类行为，必将严厉打击制裁。二是目前也有规定，凡参与股评的人，不允许在公众场合推荐股票，这样庄家借机出货的平台变窄了。三是股评家的影响力日益式微，按照股评去买股票做接盘的投资者并不多，而且资金也有限。

再就是，每个做股评的人都是凭着自己的认知去分析市场的，很少有刻意去做反向的评述的，否则，错判下个人的名声也会受影响。如果确实有经常出错的现象发生，那更多的是水平问题。这些股评出错多了，也显示出我们的监督管理有很大的空白欠缺，缺乏对股评应有的奖罚细则。有股民提议，以后应该设立一个评分标准，对所有的人在一段时间内的预测观点做统计打分。如果发现一个人在统计期内，分析判断的准确率比较高，那分数就高，允许他继续评论下去；如果频频出错，尤其在大的转折点上方向搞颠倒，牛市来了说是熊市到了，暴跌了说要暴涨，那就要对其做出半年甚至更长时间的禁播措施。这是对其个人的鞭策提高，也能提高整个股评界的水准，还可以有效打消了大家对股评界“黑嘴”的指责，净化股评环境。

第二，职业人士不等于专业人士。一些在媒体上做股评的人，大多是券商、基金或者咨询公司的人，是业内人士。他们的工作和许多职业一样，只不过是一个饭碗而已，只是在工作单位领一份工资而已。他们中很多人并不是专家，并不是炒股高手。

真正的高手在民间。市场上我们的一些老股民，他们中有些人的水平超过了基金经理、分析师等。为什么？一是这些老股民本身就是金融、计算机或者会计等专业出身，对行业了如指掌、分析能力强、专业知识完备。二是这些老股民，在中国股市刚开立的20世纪90年代初就进入股市，摸爬滚打多年，经历了多次的牛、熊轮回，经验丰富，盘感敏锐。三是许多人毕业于20世纪80年代的大中专院校，那是中国改革开放以来文凭含金量最高的一个年代。那时候的中专生，放到现在，可以轻松考入目前的任何一所名校，更不要说大学生了，他们是智商极高的一个群体。这些有文凭、有经验、有专业度的股民高手默默蛰伏在民间，闷声发大财的人很多。

我对刚参加工作不久，经验和水平都欠火候的年轻员工经常说："你们一定要虚心向老股民学习，因为他们中很多人的水平比你们要高。千万不要以为你们考了个什么证书，就觉得自己真的是专家、分析师、投资顾问，还差得远！许多老股民的水平和经验远远超过你们。只是许多老股民都有自己的工作，炒股只是业余或者半职业，所以没有考证书和拿证书的硬性要求。但千万不要以为他们没有什么证书，就忽视他们、轻视他们。"

一些股评人士，一定要虚心，要不断提高自己的水准。我目前看电视，对有的同行提心吊胆，生怕他们说出外行的话。因为有的人面对电视，居然说出了"这个股票毛估估能值10元钱"这种贻笑大方的话来。一些对技术分析一知半解、对经济学一窍不通的股评人，是需要下功夫好好提高自己的专业水平的，否则会影响整个股评界的声誉。

第三，股评是媒体的一个栏目而已，收视率是媒体的追求。因此，对媒体和股评有时候要区分看待。大家有选择媒体的权利，也有选择股评的权利，你认为有用的股评可以去接受参考，没有用的可以忽略，但是最终决定权在你手中。

听完我的大段解释，他略有赞同道：“我不是只针对你们的股评来讨说法的。我认为中国股市问题很多，如造假和恶意操纵等。至于您说的民间高手，我不认可。我没有见到什么高手，倒见到了一些自命不凡、自以为是的股民，所以，我现在只愿意做自己的研究和分析，不愿意听从任何人的意见，也不愿意和任何一个股民有什么交流。”

我说：“这一点我非常同意您的观点，股票是孤独者的事业，不仅是研究角度的独特，也是人际关系的隔离与寂寞。大家都说在金钱面前能看出人性的丑陋，在股市面前，同样如此。除了您刚才所说的造假和恶意操纵外，嫉妒、狂妄、无知——无所不在，无孔不入。因此，一个优秀的投资者，也是一个隔离凡尘、清净研修的守道者。”

## 做清净谦虚的守道者

每个投资者进入市场的投资初衷，是想让自己的资产增值，并同时获得更多的精神生活与物质生活的选择权。

投资的对手是本金，而不是其他，很多时候，你要忘却行情的涨幅、跌幅，更不要与不相关的人比，要明白，他人的资产增值、缩水是他人的事，都不会对你有太大的影响。

因此，要知雄守雌，恪守一定的原则。在股市里悟道，只有明白了股市的生存之道，方能长久存活。这需要独自清净地悟道，悟道的同时，也要远离给自己造成烦扰的外界，避开一些是非的人和是非的事，远离负能量，与正能量拥抱。

2001年，我在洛阳机车厂见到了两个股民。这两个人一个在动力车间当工人，一个在电气车间当调度员，他们在我面前摇头晃脑道："做股票有什么难的？我们要有一个亿，不照样把一个股票打到涨停？比尔·盖茨有什么了不起的？我们要有500亿美元，我们不就是比尔·盖茨吗？某某人有什么了不起，我们要是厂长，我们不就是某某人了吗？""渺小"的我目瞪口呆，仰望着眼前这两个连比尔·盖茨都不放在眼里的"伟人"股民，无话可说。他们车间的一个技术员，见此场景一把我拉到一边训斥道："你怎么和这种人在一起呢？这两个人还想有一个亿？他们成天吹牛说他们在股市里挣钱了，别人不了解难道我还不了解？他们在车间里连一盒好烟都抽不起，尤其是那个忘恩负义的调度，这是他们挣到钱了？我是20世纪80年代的本科生，真正的天之骄子，我不过是一般人而已，但再一般，难道还不如这两人？你以后离他们远一点，多和那些素质高的股民接触，共同提高水平。"

之后不久，这个技术员给我介绍了几个资深的股民。这几个股民朋友来自各行各业，有的是教师，有的是警察，有的是公交司机，有的是私营业主。这是一个非常融洽、友善的股民组织，他们经常在一起探讨市场，研究个股，谈个人看法，互相提携帮助，这样群策群力下来，每年的投资收益都很可观。他们中有的人还去上市公司调研，深入了解企业，并很早就尝试做价值投资，像云南白药、山西汾酒等个股都有所涉猎，都取得了几十倍的收益。

于是我很感慨，心态平和、低调谦虚在这个市场更容易把握机会；满身戾气、自高自大的投资者，离正收益只能越来越远。

真实的对比也出现在2010年。那一年，我的朋友杨文耀组建了一个股票QQ群，旨在让大家交流探讨。本来一个相互提高、相互探讨、文明交流的场所，却被两个人搅得乌烟瘴气。

杨文耀给我起的群名是“戴老师”，有人看到了我的名字马上酸溜溜道：“怎么这里还有老师啊？都是学生，哪来的老师？”我没有理会，也不愿解释。孔子说，三人行必有我师在，称呼别人一句老师，掉身价了吗？我平时在散户大厅里，对周围一些散户也尊称老师，和他们探讨个股，研究大盘，从未觉得有什么屈尊与不妥。

在群里没呆多久，我看见有的股票炒得很高，就提示说：“有的个股有5·30味道了。”本来是善意提示风险，马上有一个人跳出来叫嚷道：“5·30要来了，5·30要来了。”以后我在群里只要一发言，他马上叫唤道：“5·30来了，5·30来了。”我推荐的股票上涨了，他就眼红道：“不要炫富，不要炫富。”不仅如此，他和群里另外一个40多岁的人联合起来对群里所有的人攻击诋毁，时不时嘲笑别人涨跌看错了，板块看错了，一时间骂得群里没有人敢再发言。一位青岛女股民见此情景，说了句“这是全球最安静的QQ群”，就退出了。我顾及杨文耀的面子，不愿与这两个人在群里对骂，也很快退出了。

当时我很纳闷，好端端的群，大家理性交流探讨，文明发言，不行吗？培养一个学术研讨般的股市氛围，很难吗？居然有如此心胸狭窄、嫉贤妒能的人？这样的人能做成什么事情？

那个退群的青岛女股民转投到其他的金融圈去搭建自己的良好的人际关系网，与许多研究员、分析师交朋友，去交流分享二级市场价的机会。我和她一直保持通信联系，也经常就业务问题探讨。她谦虚好学，择人而处，逐渐交往了许多志同道合的业界同人，事业做得有声有色。2015年，她开始发行自己旗下的第一只基金，而且顺利躲过当年的大振荡，管理规模也越来越大，逐渐成长为一名出色的私募基金经理。

这一反一正的例子让我深思了好久。我在想，为什么有些人一进股市，就变得趾高气扬，好为人师了，如果挣钱也就罢了，问题是许多人都在赔钱，还一个个自以为是、自命不凡。这到底是什么原因？是刻意来掩盖自己人微言轻、权小钱寡的股“民”的自卑，还是要展示自己被埋没、被压抑的怀“才”不遇，抑或是人性自私、嫉妒、自恋等丑陋性的充分暴露？

2014年7月，我受朋友黄晶先生的邀请，到位于陆家嘴的招商大厦，去参加一个私募论坛。黄晶在一级市场和二级市场都是高手，能够在牛市来临之际有机会一起探讨研究，十分令人高兴。

会议室里，没有过多的布置，参加的人不多，但做了详细资料准备的我，还是很认真地发言论述。当我讲到牛市即将来临时，对面一位六七十岁的老人突然拍桌子大叫道：“我不同意你的观点。”我愣了一下，心想这位老人怎么这么没修养？不要随意打断别人的讲话，这么简单的道理，他居然不知道？但转念一想，哦！正常。股市里这种人太多了，算了。

我没有理会他，继续我的发言。我讲道：“今天来，不能总讲一些泛泛的观点，所以也特意给大家带来一只个股，经纬纺机（000666）。我的一些研究员朋友去公司做了调研，觉得很好，认为这个股票有50%的上涨空间，大家不妨多关注。”话音未落，对面两个不停玩手机的人马上又打断我，嘲笑道：“什么，50%的上涨空间，那我们啥都不干了，就买你这个股票，行不行？50%，哼！”

那一瞬间，我有些火气上升。这哪里是私募座谈会？分明是寻衅滋事会啊！这种会还有必要再讲下去吗？

我强压住怒火，没有发作。会议结束后，我旁边的一个基金经理过来和我握手道："谢谢您，您讲得非常精彩。今天我们虽然再次领教了什么叫坏人变老，但不要理会。以后我们可以交个朋友，多联系。"我说："谢谢您的鼓励和认可。"

过了不久，黄晶的一个女同事给我打电话说："哎呀！您说的牛市真的来了，而且您推荐的经纬纺机，很快翻倍了，岂止是50%啊！明天还有一个私募论坛，您来吧？"我说："谢谢，改天我再向黄总讨教。至于'撕幕'论坛会，我就不去了。"

后来我才知道，在会上认识的那个基金经理朋友，是一位青年才俊，掌管着资产不菲的几家基金。他谦虚待人，与人为善，得到了许多朋友和客户的肯定，所掌管的基金规模，一度突破了100亿元。我也被他的才华与人品打动，于是推荐了一个亿元级别的客户去购买他的基金产品。他也热衷于慈善，经常向边陲地区的希望工程捐款，基金的口碑也越来越好。

类似这样的朋友我还见到过一位。在股市中，他是一位真正的赢家，一位真正的获大利的人。他把股票抛空后，一共在市场赚取了90多亿元，是我接触到的盈利最多的人。然而，获暴利巨富后的他却异常低调、谦虚，一直称自己不过是一介草民，一个小商人，一个只不过把股票卖掉挣了钱的原始股东而已。他把盈利的钱一部分拿去作公益，另一部分去海外再投资，以求回报社会。面对这样的投资者，我真是感慨万千。有的股民，不要说挣90亿元了，就是在股市里挣了9万元、90万元，就志得意满、唯我独尊了，若是挣了900万元，9000万元，地球都盛不下他了。人与人的差别何其巨大？

一家券商营业部的老总，在和我屡屡谈到股市中存在的一些积极的现象和消极的现象及正能量和负能量时，阐述了三个观点。

一是上市公司的问题，如财务造假、长时间不分红、不回报股民、和庄家联手收割散户等。这需要进一步加大法治完善的力度。

二是股市文化的建设。把一些低俗的东西驱逐出市场，让股市文化变得健康、积极、充满正能量。他举例说，几年前某个电视台播出了“宁肯坐在宝马车里哭，也不肯坐在自行车上笑”的语录，在社会上造成了极其恶劣的影响，被钱文忠大师痛批为中华民族历史上从来没有出现过这么低俗的话。可在股市里，有人也炮制出了某个演员结婚，牛市就要来了这个荒诞不经的段子。这么低俗的比喻，世界任何一个国家的股市也没有出现过。因此，当我们在把治理中心定位在上市公司上面时，也应该重视股市文化的建设。

三是自强者自有天助。投资者应保持乐观的心态与积极向上的精神，摒弃怨天尤人的颓废心理，良好的情绪会对盈利起到潜移默化的影响。

一些文人渲染的所谓的“世纪之套”“历史大顶”其实都是伪命题，因为它们都会被后来的高点所打破，而许多让股民深度套牢的个股，最终几乎都有解套盈利的机会。如1992年、1993年的两个高点1429年和1559点，被后来1999年519行情中的1756点打破；2001年的2245点又被2007年的6124点刷新；即使6124点，这个在许多人眼中永远不可能重现的牛市顶峰，它所创下的许多个股高点，也被2015年的5178点时的股价踩在脚下。就在上证指数仅在2900点的点位上（作者完稿时的2020年的5月），也有50多只个股再次创出了历史新高。

## 构建投资体系和交易模型

有的投资者深信“简单就是美”的哲理，使用的交易体系和模型很简单，看到股价的10日线上穿30日线就买入，下穿就卖出，尽管不能完整地赢取全部波段，但是截取了中间一段收益，也是种不错的方法。

交易模型即交易理论、交易方法，投资者如果想构建一套完整的交易模型，需要做以下工作。

（1）首先根据自己的性格特点和风险偏好，定位自己的交易风格：是价值投资还是趋势投资？是短线交易还是日内交易？

（2）在确定自己的投资风格之后，就要有针对性地投入精力去摸索出成熟的买卖方法，比如价值投资者注重业绩、市盈率等指标，相信长线是金并长期持有；趋势交易者可以学习道氏理论、均线理论等，操作时根据均线、趋势线或者箱体理论进行买卖；短线和日内交易者对15分钟、30分钟、60分钟的K线及指标要有娴熟的判断与掌握。

（3）每个投资者的交易模型，可适当灵活一些，组建单个交易模型也可，多个交易模型组合也可。

（4）模型完成之后，进行实战操作。在操作中，应严格执行，发现问题要不断完善。

目前市场上的许多量化基金就是交易模型的程序化。换句话说，交易模型是程序化交易的灵魂，程序化交易系统就是一种赢利模式，只是把行之有效的赢利模式程序化、自动化。但前提是测试空间和资金曲线。

我们列举一个简单的模型，供大家做建模参考。

波动型日线交易模型。

（1）买入信号。

突破型买点：21日和34日均线由下跌走平并开始向上，此时股价上穿这两条均线构成买点。

日线金叉买点：21日均线向上交叉34日均线构成金叉，为买入信号。

支撑型买点：股价在向上运行的21日、34日均线分别获得支撑后形成的买点。

有时21日均线出现的买点会跌破，可用34日均线来判断。

（2）卖出信号。

突破型卖点：股价下穿由上升开始走平并向下的21或34日均线构成的卖点。

日线死叉卖点：21日均线向下交叉34日均线构成死叉，为卖出信号。

阻挡型卖点：股价在向下运行的21、34日均线分别获得阻挡后形成的卖点。

在下降过程中，股价反弹幅度小的卖点可用21日均线来判断；反弹幅度大的卖点会突破21日均线，此时用34日均线来判断。

这个简易的模型，采纳了斐波那契数字和均线理论。

艺无止境，更优秀、更出色的交易模型在许多股市高手之中闪耀，唯有不停地努力精进，才会更上一层楼。

# 后记

2020年5月末6月初的一个薄暮时分，菲律宾的杜马格特岛，依旧是一片天堂般的美景：棕榈轻曳、斜阳倦慵、海鸥飞掠，渺远氤氲的海面让人如醉如梦。我独自一人在海滩上漫步。这时，手机响了，低头看时，是我的助理从国内打来的。他告诉我，A股这几天出现了异动，权重股开始上扬，莫非真如你书中所预测的那样，7月牛市要来？我说："如果真的来了，也是碰巧而已吧。"但让我们一起祈祷！

放下电话，我抬头仰望着繁星渐现的夜空，当一阵微凉的海风吹过时，突然间有了一种战栗的冲动，这种冲动是那么的强烈，那么的不由自主，那么的似曾相识。这只是在2014年7月，那个流火的季节，那个波澜壮阔的牛市行情的前夜曾出现过。也是这样的顷刻电流感，也是这样的热血澎湃，也是这样的扬眉吐气。我愈发强烈地感觉到：A股又一波牛市即将喷薄而出，又一轮壮丽行情的乐章即将奏响。万千的中国股民们，终于又等到了这一天，为了这一天，他们已经等待得太久太久……

自2015年 6 月 5178 点的高峰滑落至今，A股牛短熊长的风雨路途又捱过了整整5年的光阴，又蜿蜒崎岖了3000多个起起伏伏的日子。期间虽也有惊喜的几缕晨光，但更多的是暮霭沉沉的阴跌、停滞与盘桓，2001—2005年、2011—2015年那熊途漫漫的一幕似乎又在重演。5

年中，多少个意气风发、豪情千丈的梦想都已掷落成空；多少个胼手胝足、枕戈待旦的不甘与壮志也都随风飘零。面对着我们的GDP以每年近10%的速度增长，面对着我们的国民经济创造人类历史上一个又一个惊艳奇迹的时候，作为经济晴雨表的A股，却一直显得步履蹒跚，羞赧示人。短暂的牛市一如漫长夜空里的一束礼花，脉冲般稍纵即逝，空留下炙火的回忆……

于是仰望着大洋彼岸节节攀高的十年牛市，再环顾一下我们沉疴多日的股指，屡屡失意下的A股投资者们，只能发出一声声报国无门的自怨与万千怅然的嗟叹。奢盼的牛市难道总是那么遥不可及，总是那么昙花一现，总是成为梦境中最美好的陪伴？

然而赫赫盛世，环宇清廓，乾坤朗朗，山河浩荡，泱泱大国，亦何曾摧眉俯首，畏怯低落！国运既昌，百业岂能不旺？当民族复兴的大纛已齐云舒展，当东方巨龙的和平崛起已是历史所趋，当人类命运共同体的华章已经奏响时，中国的A股也必将躬逢盛事，扬帆起航！

凡是过往，皆为序章！

就让开栩启始的筚路蓝缕成为万里征程的起点，让坎坷跋涉的披荆斩棘成为巍峨大厦的奠基，让曾经跌宕起落的牛熊风雨化作明日绚丽的彩虹！

俱往矣，而今迈步从头越！

越过初绽光华的2245点的风帆，越过子规啼血声声唤回的6124点的峰巅，越过金戈铁马入梦来的5178点的层峦，越过一切雄关漫道、险隘恶途、云障急雨。等到冰消雪融、春回大地的时候，等到皓月当辉、拨云见日的时候，等到海阔波平、千帆相竞的时候，我们去看那长安城里芙蓉如火，看那洛阳宫内牡丹鼎盛，看大鹏湾畔簕杜鹃怒放，看黄浦江岸玉兰花开！

一个不断下跌的证券市场，不是一个健康的市场；一个不停套牢亏损的市场，也不是一个成熟的市场；一个停滞不前的低迷的市场，也不是一个金融大国应有的市场。

中国千千万万的股民们，从自己菲薄的薪水中，从父母的赡养费里，从子女的婚嫁金里，从依附的养老钱里，从枕席下，从墙缝中，取出他们积攒的并不丰厚的资金，百溪成河，百川汇海，投入到A股的资本市场建设之中。他们用孱弱的双臂托起国民经济中一个个巨无霸的企业，用无悔的汗水浇灌出灿烂的民营企业之花，用精卫之志的纤绳挽起祖国永不沉没的巨轮。他们是资本市场最坚实的筑路者与奉献者，他们应该得到市场的尊重，他们应该得到市场的回报，他们理应分享中国经济腾飞的成果！

就让牛市的号角吹响，去唤醒这个文明古国每一天生机勃勃的清晨，去唤醒这个经济大国久违的牛市的欢歌，就让牛市的颜色去染红每个投资者曾经失意的黄色的脸，去揩尽他们眼中曾经苦涩的泪水。我们期待着一个金融大国的腾飞，期待着一个东方华尔街的崛起，也期待着上证指数的红旗再次猎猎飘扬在6124点乃至8300点的历史峰巅！

看成败，股海冲浪豪迈，只不过从头再来。

心若在，梦就在，千金散尽还复来！

**戴华珂**

2020年4月29日　完稿于上海普陀

2020年6月6日　定稿于菲律宾马尼拉

# 鸣谢

本书在成书过程中，得到了上海谷根金融集团董事长邓宝英女士、华创证券上海分公司张建先生、上海MBA联谊会常务理事王泽宇教授的鼎力支持，在此表示感谢！

在全书的篇目章节安排上，上海大学孙继伟教授、华鑫证券茅台路营业部王凌经理都给予了良好的建议，在此表示感谢！

书中的技术分析方面，上海捷运资产管理有限公司许鹏经理、民间高手张乃国等都提供了精彩的思路与见解，在此表示感谢！

同时，本书在完善稿件时，也借鉴参考了网上的一些资料，使该书有所润色，谨对这些不知名的同人表示深深的敬意！

本书作者助理的邮箱：zhen13381718052@163.com